I0833488

Андрей Наумчик

•

Корейские алкогольные напитки

От макколли до сочжу

Academic Studies Press

Библиороссика

Бостон / Санкт-Петербург

2026

УДК 612.393.1
ББК 36.991.6
Н34

Серийное оформление и оформление обложки Ивана Граве

Наумчик, Андрей.

Н34 Корейские алкогольные напитки: от макколли до сочжу / Андрей Наумчик. — СПб.: Academic Studies Press / Библиороссика, 2026. — 202 с. : 6 цв. ил. — (Серия «Современное востоковедение» = «Contemporary Eastern Studies»).

ISBN 979-8-901271-42-1 (Academic Studies Press)
ISBN 978-5-907918-75-7 (Библиороссика)

В книге впервые на русском языке освещаются вопросы возникновения и истории корейского традиционного алкоголя, методы его производства, фудпейринг, а также приводится более 50 рецептов изготовления как ферментированных, так и дистиллированных традиционных напитков.

УДК 612.393.1
ББК 36.991.6

ISBN 979-8-901271-42-1
ISBN 978-5-907918-75-7

Вступительное слово

Проникновение на российский рынок корейской культуры давно перестало быть уникальной новостью, и среди этого всего немалое место занимает и корейская пищевая культура, значительной частью которой является потребление алкоголя. В этом смысле новая книга Андрея Наумчика, посвященная корейским традиционным алкогольным напиткам, ценна и вовремя проясняет ситуацию.

Автор книги не новичок в освещении корейской гастротематики, не только ученый, но и выдающийся практик. Как исследователь он является автором не только научно-популярной книги, посвященной такому знаковому блюду корейской кухни, как кимчи («Кимчи: символ корейской кухни»), но и нескольких статей в научных журналах. Заслуги его как практика можно оценить по его работе в качестве шеф-повара ресторана, где Андрей неоднократно устраивает для корееведов, студентов и всех желающих гастрономические шоу, популяризирующие корейскую кухню. Неизменным элементом этих мероприятий является традиционный алкоголь собственного приготовления.

Все свои исторические знания и практические навыки автор удачно изложил в своей новой книге, которая является комплексным путеводителем по корейскому традиционному алкоголю. Интересующийся историей найдет там развернутый очерк истории развития и изготовления традиционного алкоголя с начала корейской истории до нынешних времен. Тот, кому интересны современность и политика, может узнать об алкогольных пристрастиях лидеров как Южной, так и Северной Кореи, а также то, как в XXI веке руководство РК (Республика Корея) активно вкладывалось в продвижение традиционного алкоголя, в результате чего корейское *сочжу* стало одним из самых популярных алкогольных напитков в мире. Особо это касается *макколли*, которое радикально сменило свой образ и репутацию: из дешевого напитка для бедноты рисовая брага превратилась в один из знаковых напитков корейской кухни.

Тот, кому интересно место традиционного алкоголя в современной культуре, порадуется разделу про корейский алкогольный этикет, тем более что глубокие познания автора не ограничиваются только этим. Не менее интересной частью книги является раздел про так называемый фудпейринг, рассказ о том, какие корейские блюда идеально сочетаются с разными типами алкоголя.

Но наиболее интересным читателю, наверное, покажется гастрономический блок книги. В первую очередь сюда входят подробное перечисление и классификация различных вариантов алкогольной продукции, число наименований которой исчисляется десятками: от различных региональных сортов *макколли* или *сочжу* до экзотических вариантов «лечебных» настоек, которые могли приготовляться не только на лекарственных растениях, но и на шершнях или даже целиком заспиртованной собаке.

Затем автор не только рассказывает о корейском алкоголе, но и детально описывает рецепты его приготовления в домашних условиях, местами с поправкой на российские реалии. Это делает книгу особенно ценной, так как те, кто ранее только слышал о достоинствах корейского алкоголя, могут попробовать самостоятельно его приготовить согласно описанным в книге инструкциям. Сюда же вошли разработанные автором рецепты коктейлей на основе *сочжу* и *макколли*, включая варианты известных рецептов, адаптированных к использованию в них *сочжу*. Уверен, что многие бармены возьмут эти концепции на вооружение, а затем не раз поблагодарят автора книги за оригинальность и разнообразие своего меню.

Завершает книгу подробный справочник-указатель с наименованием использованных терминов на русском и корейском языках, а также используемых в приготовлении алкоголя лекарственных (и не только) растений. Это делает книгу удобной в использовании.

Таким образом, и любители корейской культуры, и те, кому просто нравится пить *сочжу* или *макколли*, получают на свою книжную полку замечательный и полезный подарок.

Асмолов К. В.
ученый-кореевед, кандидат исторических наук,
ведущий научный сотрудник Института Китая
и современной Азии РАН

Введение

Пожалуй, ни один другой продукт питания не вошел в жизнь человека так глубоко, как алкоголь. Мы пьем, чтобы праздновать, мы пьем, чтобы скорбеть, мы пьем, чтобы быть счастливыми хотя бы на время. Алкоголь был и остается частью наших эмоций, счастья и печали, и Корея в этом отношении не является исключением.

Алкоголь — один из самых древних напитков, созданных человечеством, и является результатом роста диких микроорганизмов на сахаросодержащих углеводах, таких как фрукты и зерновые. Производство алкоголя зависит от природных условий и социальной среды того или иного региона и отражается в культуре людей, которые его пьют. Алкогольные напитки являются частью кулинарной культуры любой страны, оказывают влияние на чувства народа, совершенствуются вместе с ходом истории, изменениями в культуре питания, отражая характер и национальные особенности каждой нации.

Еда и алкоголь в Корее всегда существовали неразрывно. Во всех дошедших до наших дней кулинарных книгах наряду с рецептами блюд приводятся способы приготовления алкогольных напитков, причем этих напитков не один, не два и не десять. В каждом из корейских сборников рецептов содержится от 50 до 70 видов алкоголя.

В западноевропейских культурах, таких как Франция, Италия, Испания, Германия, Шотландия, благодаря климатическим условиям появились фруктовые вина и бренди, изготовленные путем брожения сахаристых фруктов, в первую очередь винограда, без добавления дрожжей, а также пиво и виски, изготовленные путем проращивания ячменя и добавления хмеля. В Корее, напротив, климат, характеризуемый высокой температурой и влажностью, привел к развитию сельского хозяйства с преобладанием зерновых в структуре производства, и в первую очередь риса, и как следствие к возникновению производства алкогольных напитков из зерновых с использованием дрожжей, которые выращиваются естественным образом в зерне.

Если вино — это ферментированный алкогольный напиток, представляющий Запад, то *макколли* — это ферментированный алкогольный напиток, представляющий Корею. С точки зрения естественной истории более вероятно, что вино появилось раньше *макколли*. Причина проста. Чтобы сделать алкоголь, нужны сахара и достаточное количество воды, а виноград, основной ингредиент вина, уже содержит и то и другое. Когда виноградная кожица снимается и подвергается воздействию воздуха и содержащихся на ягодах природных дрожжей, они поглощают сахара, выделяют алкоголь и углекислый газ. Этот метод брожения называется «однократным», потому что он проводится только один раз.

В противоположность этому рисовое вино, такое как *макколли*, требует «двойной ферментации». Чтобы сделать его, крахмал в зернах, таких как рис, должен быть расщеплен и превращен в сахар, который при добавлении воды благодаря дрожжевым грибкам преобразуется в спирт.

Любовь корейцев к алкоголю общеизвестна. Согласно последним данным, потребление алкоголя на душу населения в Южной Корее упало до самого низкого уровня за последние 55 лет, хотя до этого она была одной из самых пьющих стран в Азии. Сегодня Южная Корея демонстрирует постепенное снижение потребления алкоголя, выпав из первой двадцатки на душу населения среди 27 стран, сравниваемых Организацией экономического сотрудничества и развития.

Южная Корея занимает 21-е место с годовым потреблением алкоголя в 7,7 литра чистого спирта на человека в возрасте 15 лет и старше, пропустив вперед Испанию и Францию (10,5 литра — 8-е место), Великобританию (10,0 литра — 12-е место) и США (9,5 литра — 14-е место).

Годовое потребление алкоголя в Южной Корее достигло своего пика в 1973 году и составило 16,8 литра на душу населения. Затем оно превышало 10 литров каждый год вплоть до 1987 года, а затем в 2020 году упало до 7,6 литра впервые с 1966 года. Эти данные являются усредненными и включают тех, кто вообще не пьет алкоголь, поэтому реальное потребление пьющими людьми было еще выше.

Благодаря историческим реалиям и политике правительства Кореи некогда самые популярные традиционные алкогольные напитки уступили место пиву, а также напитку, производимому из дешевых спиртов и получившему название древнего дистиллята *сочжу*. В настоящее время традиционные напитки находятся на третьем месте по популярности среди корейских потребителей. Согласно последним опросам, только 18,6 % респондентов предпочитают традиционный алкоголь, а наиболее популярными алкогольными напитками являются пиво (43,7 %) и *сочжу*-ректификат (20,2 %).

Однако традиционный корейский алкоголь, некогда отодвинутый на второй план такими напитками, как современное *сочжу* и пиво, с начала 2020-х годов переживает возрождение. Рынок традиционных напитков в Корее вырос с 62,7 млрд вон (43,8 млн долларов) в 2020 году до 147,5 млрд вон в 2023 году, и эта тенденция сохранилась в 2024 году.

Подобный стремительный подъем во многом обусловлен тем, что молодое поколение ищет вкусы, отличные от тех, что предлагают обычные напитки. Рост числа небольших винокурен по всей стране, которые разрабатывают новые вкусы и текстуры, оставаясь при этом приверженцами старинных методов производства, также играет важную роль в возрождении интереса к традиционному алкоголю.

Сочжу — самый почитаемый корейцами алкогольный напиток. Но так было не всегда. До 60-х годов XX века корейцы больше всего пили слабоалкогольные ферментированные рисовые вина — *чхончжу* и *макколли*, приготовляемые из зерновых, в первую очередь риса. Однако в связи с нехваткой риса на законодательном уровне вплоть до середины 1980-х годов было запрещено использовать зерновые для производства алкоголя. *Макколли* и *чхончжу* начинают делать из пшеничной муки и других нехарактерных для Кореи ингредиентов. Вкуса у таких напитков не было, кроме того, производители, активизируя процесс брожения, добавляли в них карбид, от чего после употребления таких напитков наступало жуткое похмелье.

Именно в это время начинают массово производить *сочжу* из спирта ректификата, получаемого из импортной тапиоки, батата и отходов сельского хозяйства. Цена на такой алкоголь была очень низкой, а крепость поначалу составляла 30°. Именно благодаря бросовой цене и ужасному качеству *макколли* потребители перешли на *сочжу*-ректификат, который стал со временем национальным напитком.

Надо отметить, что такого напитка предки корейцев не знали. Традиционный *сочжу* — это дистиллят, полученный путем перегонки *макколли* или *чхончжу*. Долгое время, почти в течение 30 лет, корейцы были лишены возможности пить свои аутентичные алкогольные напитки, и лишь в 1990-е годы традиции их производства начали постепенно возрождаться. Появляется много частных винокурен, которые представляют потребителю элитные виды *макколли*, *чхончжу* и *сочжу*.

Правительство, пытаясь возродить традиции корейского винокурения, каждый год проводит в Корее выставки-конкурсы лучших отечественных алкогольных напитков. Министерство сельского хозяйства и животноводства совместно с Корейской торговой корпорацией продукцией сельского хозяйства и морского промысла для повышения конкурентоспособности и качества алкоголя с 2010 года проводят ее в пяти основных категориях: *тхакчу*, *якчу*, *чхончжу*, дистилляты и фруктовые вина *квасильчжу*.

Названий у корейского алкоголя множество. При переводе на русский язык используются термины «рисовое вино», «рисовое пиво», «водка» и другие. Корейские традиционные напитки настолько разнообразны, что ни одно из используемых названий не передает истинного значения. В корейском языке есть слово *суль*, этимология которого происходит из сочетания слов «су» (вода) и «пуль» (огонь). Этим словом в Корее называют любой алкогольный напиток вне зависимости от крепости, сырья или метода изготовления. Так же, как в России, например, существовал термин «вино»: хлебное вино означало перегнанную брагу из зерновых, виноградное вино, вино из фруктов и ягод. Поэтому для обозначения всех корейских алкогольных напитков мы будем употреблять слово «вино», подразумевая широкий смысл этого слова.

За пределами Кореи очень мало знают о корейских традиционных напитках. Огромный экспорт современного *сочжу*, который стал самым продаваемым алкоголем в мире, лишь сбивает людей с толку, заставляя думать, что это и есть тот напиток, который корейцы пили испокон веков. Лишь в последнее время потребители стали узнавать, что такое *макколли* и настоящий *сочжу*.

Именно поэтому мы и решили написать эту книгу, чтобы познакомить читателей с историей корейских традиционных напитков, их видами, представить рецепты их приготовления, раскрыть некоторые секреты процесса винокурения, рассказать о сочетаемости их с корейской едой, а также о современных популярных коктейлях на основе традиционного алкоголя и корейском алкогольном этикете.

Глава 1
История корейских алкогольных напитков

Первое упоминание о вине в корейских источниках содержится в древнем труде «Чеван унги» («Сеть императорских судеб»). Это исторический трактат об истории Кореи и Китая, написанный подданным на государственной службе Ли Сын Хю в 1287 году, в период позднего государства Когурё.

Автор повествует об основателе государства Когурё Чумоне. Как и подобает великому государю, Чумон не мог появиться на свет просто так. По преданию, сын небесного божества Хэмосу пригласил трех дочерей речного бога реки Амноккан Хэбэк к себе, напился, начал приставать к девушкам, две убежали, а старшую Хэмосу поймал и изнасиловал. В результате появился на свет мальчик, с ранних лет проявивший талант к стрельбе из лука, поэтому мать и назвала его Чумон — «Меткий лучник». Позднее вынужденный бежать из государства Пуё, узнав о заговоре наследников правителя государства с целью убить его, Чумон остановился в долине реки Амноккан и основал государство Когурё.

Так впервые в письменных источниках появляется упоминание о корейских спиртных напитках. Однако в мифе не сохранилось никаких сведений о названии, типе или рецепте напитка, который Хэмосу использовал для соблазнения, поэтому мы мало что о нем знаем.

Государство Когурё было самым северным среди трех первых королевств на Корейском полуострове в период с III по VII век.

Исторические данные свидетельствуют о том, что жители государства Когурё обладали высокоразвитой культурой ферментации пищи и напитков.

Одно из самых ранних упоминаний о корейском алкоголе содержится в китайской летописи «Сань-го чжи» («Записи о трех царствах»), датируемой III веком, где рассказывается о жителях Когурё, которые после сбора урожая отмечали это событие, ели и выпивали.

В китайской исторической хронике «История династии Вэй» (551–554) встречается упоминание о том, что в государстве Когурё технология производства алкогольных напитков была чрезвычайно развита. В том числе говорилось о том, что существовал напиток, который готовился путем разжевывания зерна, а затем приготовления браги, который назывался *миинчжу* — «вино красавиц». Зерно жевали, а затем сплевывали в кувшин красивые девушки, именно поэтому его так и назвали. Об этом позднее также упоминается в первой корейской энциклопедии, созданной Ли Су Гваном в начале XVII века.

Крахмал, содержащийся в зерне, осахаривается ферментом фталином, содержащимся в слюне. До изобретения дрожжей это был основной способ ферментации. Для превращения крахмала в алкоголь зерно необходимо подвергнуть ферментации, для чего в него после их изобретения стали добавлять дрожжи. Дрожжи, известные как *кук*, производились путем размалывания зерна, например пшеницы, и его замачивания, чтобы споры грибков смогли прикрепиться к нему и забродить.

В Корее в эпоху Трех государств (Когурё, Пэкче, Силла — I век до н. э. — VII век н. э.) Пэкче было вторым из трех королевств и находилось в юго-западной части полуострова. Силла было третьим государством той эпохи, находившимся на юго-востоке региона, которое впоследствии в VII веке объединило весь Корейский полуостров. Силла было молодым государством и менее развитым, чем Пэкче и Когурё, и это также относится и к технике производства алкогольных напитков. Однако вскоре Силла захватило всех своих соседей, позаимствовав у них все технологии приготовления алкоголя.

В эпоху Троецарствия развитие получили приемы ферментации многих продуктов, например таких, как соя, морепродукты, овощи. Наряду с солью вино использовалось для консервирования, его применяли для маринования рыбы и моллюсков, овощей, фруктов, дикоросов, таких, например, как побеги бамбука. Уже к этому времени вино стало таким же необходимым продуктом, как рис, масло и соевые пасты. Наряду с солью алкоголь использовался и для приготовления вяленых морепродуктов *пхо* длительного хранения.

О чрезвычайно развитой технологии производства алкогольных напитков в эпоху Трех государств не раз упоминается в китайских источниках. Так, историк Чэнь Шоу (233–297) из империи Цзинь в своем труде «Записи о трех царствах» («Сань-го чжи») на основе данных, полученных китайцами после похода вэйского полководца Гуаньцю Цзяня, войска которого прошли через всю Корею до побережья Японского моря, свидетельствует о повсеместном употреблении алкогольных напитков на территории древних корейских государств. Он писал, что в государствах Пуё и Когурё традиционно проходил праздник *Мучхон* (в Когурё «тонмён»), праздник поклонения небесам, во время которого народ пел, танцевал и пил дни и ночи напролет.

Кроме того, в летописи есть упоминание о том, что в древнем государстве Махан (I век до н. э. — III век н. э.) в мае после посевной, а также в октябре после уборки урожая жители собирались, чтобы повеселиться, пели, танцевали и пили вино.

В первой большой китайской энциклопедии «Тайпин юйлань» («Императорский чтец», 977–983) записано, что алкогольный напиток *когачжу,* который готовила женщина из государства Когурё, был хорошо известен и популярен в китайской провинции Цзянсу и ее окрестностях.

Письменные свидетельства о корейской алкогольной культуре сохранились в основном в летописях о деяниях правителей древних корейских государств, а также в народных преданиях. Вот лишь несколько примеров. Король Тэмусин-ван (18–44 годы н. э.) был третьим правителем государства Когурё. Его пребывание в статусе главы государства было отмечено огромной территориальной экспансией, были завоеваны несколько небольших государств и могущественное королевство Тонбуё. Когда на Когурё напала армия императора династии Хань, Тэмусин отступил, но прежде оставил для командующего китайской армии жареных карпов и алкогольный напиток *чичжу* в качестве знака уважения.

Второй ван[1] государства Пэкче Тару-ван (28–77) во время сильного неурожая ввел антиалкогольный закон. Тридцатый ван Пэкче Му-ван (600–641) часто закатывал банкеты, а напившись, пел, аккомпанируя себе на шестиструнном инструменте *комунго*, или барабане, а также танцевал с артистами на берегу реки Пэнмаган. Третий ван Силла Юри-ван (24–57) устраивал соревнования по ткачеству и прядению, поделив женщин на две группы, причем проигравшая накрывала стол с угощениями и выпивкой, а затем они вместе пели, танцевали и веселились.

Соседние государства высоко оценивали корейские алкогольные напитки. В японском древнем труде «Кодзики» (712) («Записи о деяниях древности») есть упоминание о человеке, которого звали Ин Бон по прозвищу Сусубори, приехавшем из государства Пэкче и готовившем ароматное вино. Этот напиток варили в Пэкче с IV века. Предки корейцев знали, как делать дрожжи и как с их помощью готовить ферментированные алкогольные напитки. Сусубори привез дрожжи в Японию и научил японцев делать саке. Пятнадцатый император Японии Одзин после того, как ему преподнесли сваренное Сусубори вино, распевал песни, и с тех пор саке стало национальным напитком Японии. Сусубори передал методы приготовления этого напитка японцам, и теперь он почитается как бог саке, а его изображение находится в храме Сага.

Вкус рисового вина в государстве Силла был настолько хорош, что оно пользовалось широкой популярностью и в Китае, а поэт времен династии Тань Ли Шанъинь (812–858) написал такие строки: «Боюсь, как бы дуновение предрассветного ветерка

---

[1] Титул правителя в странах «ханьского культурного влияния», соответствующий примерно европейским «царь» или «король».

с легкостью не унесло прекрасное настроение после чарки вина из Силла».

К сожалению, до нас не дошли ни названия большинства напитков той эпохи, ни рецепты их приготовления. Однако упоминания о некоторых из них все же остались в памяти народной.

Корейцы не только наслаждались разнообразной выпивкой и вкусной едой. Они придумывали разнообразные игры, связанные с приемом алкоголя, чтобы скрасить свой досуг. В пруду рядом с г Кёнчжу нашли кости (для алкогольной игры) с 14 гранями, на которых были написаны различные задания для ее участников. Одним из таких наказаний было выпить залпом рюмку и громко-громко засмеяться. Другим — выпить три чашки алкоголя кряду, а затем пройтись на глазах у собутыльников. Кроме этого, были задания выпить и спеть песню, станцевать после выпитого без аккомпанемента, получить по носу по щелбану от всех присутствующих, выпить на брудершафт, спеть любую песню по выбору присутствующих, сохранять спокойствие, когда тебя щекочут и так далее.

Также широко известно местечко Пхосокчон возле города Кёнчжу, провинция Северная Кёнсан, где во времена Объединенного Силла проводились застолья. На этой летней площадке пили, гуляли, читали стихи и развлекались. А у подножия горы Намсан играли в игру *юсан коксуён*, суть которой заключалась в том, что по рукотворному ручью с изгибами пускали чашечки с вином, и когда одна из них до тебя доплывала, ты должен был ее выпить и продекламировать стихотворение.

На смену трем государствам и Объединенному Силла пришло государство Корё (935–1392), просуществовавшее почти четыре столетия. На Корейском полуострове происходят перемены, которые меняют ход эволюции вина. С этого периода появляется более разнообразная и подробная документация о корейских напитках, касающаяся разновидностей алкоголя и пищи, употребляемых корейцами в то время.

Всего в Корё употребляли уже более 25 различных видов спиртного. Все их можно было разделить на три вида: прозрачное рисовое вино *якчу*, нефильтрованное рисовое вино *тхакчу* и дистиллят *сочжу*. Прибывший сюда в 1124 году Сюй Цзин, посланник династии Сунь, в труде «*Гаоли ту цзин*», что буквально означает «Иллюстрированный рассказ о Корё», заметил, что корейское вино крепкое, от него быстро пьянеешь и быстро трезвеешь. Простому народу хороший напиток приготовить было трудно, вкус у него был водянистый. Алкоголь производили из обычного риса и дрожжей и называли *чхончжу*, а то, что пил простой народ, называли *тхакчу*.

В эпоху позднего Корё в литературных трудах встречается много названий алкогольных напитков. В труде «*Халлим пёльгок*» упоминаются такие напитки, как *хвангымчжу*, *пэкчжачжу*, *сончжу*, *чугёпчжу*, *ихвачжу*, *огапхичжу*, различаемые в зависимости от используемого сырья.

Устные предания доносят до нас рассказ о дочери высокопоставленного чиновника государства Корё по имени Пок Чи Гём. Когда он сильно заболел, его дочь по указанию даосского святого из родниковой воды из уезда Мёнчхон сварила вино с цветами азалии, которое получило название *мёнчхон тугёнчжу*, и попив которое отец выздоровел. В уезде до сих сохранился тот родник и два дерева гинкго, которые девушка посадила в благодарность богам за исцеление.

Основатель государства Коре Тхэчжо Вангон (918–943) по преданию одержал победу в битве при Кочхане (ныне Андон) с войсками Кён Хвона благодаря хозяину одного постоялого двора в городе по имени Ан Чжун, который был на стороне вана и потому приготовил очень крепкое вино под названием *косамчжу*, дал его солдатам Кён Хвона, те сильно напились и сопротивляться войскам Корё уже не могли.

Ваны уделяли развитию винокурения большое внимание. Так, исторические свидетельства говорят о том, что во второй год правления шестого вана Корё Сончжона в столице Кэгён (ныне Кэсон) только на одной центральной улице было шесть питейных заведений. Благодаря Сончжону в 996 году начинается эпоха хождения денежных знаков, а во время царствования вана Мокчона в 1002 году для стимулирования оборота денежных средств выходит указ об обязательном использовании денег в лавках при продаже вина, чая и продуктов питания.

При правлении вана Сукчона (1095–1105) для регулирования торговли алкоголем в центре и провинциях создается специальный государственный орган. Ван Мунчжон (1414–1452) для снабжения королевского двора качественным и разнообразным алкоголем создает специальную службу под названием «Янонсо».

Когда буддизм стал государственной религией, монахи стали производить и продавать вино. В то время винокурение было в основном сосредоточено в храмах, где концентрировались трудовые и финансовые ресурсы. Храмы продавали алкоголь, сделанный из риса, выращенного на принадлежавших им землях. Так вино, сделанное в одном только храме Тондоса, обеспечивало спрос всего региона Ённам, а в одной из храмовых записей того времени говорится: «В 18-м году нынешнего правления количество риса, использованного для винокурения, составило 360 сок» (1 сок риса =144 кг), что дает представление о масштабах храмовой винокуренной отрасли. Но уже при ване Хёнчжоне (1659–1674) из династии Чосон, благодаря продолжавшейся политике гонения на буддизм, монахам было запрещено производить алкогольные напитки.

Крепкие дистилляты на Корейском полуострове появились и стали очень популярными во время правления 25-го вана Чхуннёля (1274–1308) государства Корё, которое было вассалом китайской династии Юань, возглавляемой монголами. В исторических летописях «Корёса» о правлении 32-го вана Корё Увана есть такая запись: «Люди без всякого стеснения транжирят деньги на *сочжу*, шелк, золото и яшмовую посуду». Таким образом, уже тогда крепкий дистиллят в виде *сочжу* вовсю распивали в Корее.

Одной из ценностей эпохи Корё были фарфоровые изделия цвета яшмы, которые на Западе получили название «селадон». Сохранившиеся до наших дней бутылки для алкогольных напитков и чаши для них из фарфора, представляющие собой настоящие произведения искусства, демонстрируют нам, насколько алкоголь был популярен и ценен в государстве Корё.

Первоначально *сочжу* принимали в качестве лекарства, и не только королевские семьи, дворяне и другие представители элиты. Источники свидетельствуют о медицинском применении *сочжу* и простыми людьми. Дневник Ли Мун Гуна, чосонского дворянина XVI века, показывает, что слуги также использовали *сочжу* для лечения любых болезней, вероятно, потому что у них было меньше доступа к другим формам медицины. От обычных домохозяйств требовалось готовить *сочжу* в качестве подати двору, что немало способствовало распространению напитка по всему полуострову.

Действенным способом укрепления королевской власти и наведения порядка был сухой закон. Для производства *сочжу* высокого градуса требуется больший объем зерна, чем для производства напитков брожения, и поэтому он долгое время оставался роскошным напитком — настолько, что стал мишенью для запретов на употребление, которые правительство часто накладывало на корейское общество, чтобы предотвратить нехватку зерна и алкоголизм. К таким запретам активно прибегали такие монархи, как Тхэчжон, Сечжон, Ёнчжо. Так, Тхэчжон за время своего правления вводил сухой закон 20 раз. Сечжон вне зависимости от каких бы то ни было стихийных бедствий или погодных катаклизмов вводил сухой закон на время всех сельскохозяйственных работ, а нарушивших его ждало строгое наказание.

В эпоху Корё начинает развиваться практика торжественных пиров конфуцианских ученых в каждом уезде, ни один из которых не обходился без алкогольных напитков. Во время правления династии Чосон (1392–1910) наступает пик развития культуры винокурения и ее технологий. Видов алкогольных напитков становится все больше, совершенствуются их вкус и аромат.

В самой древней дошедшей до наших дней кулинарной книге «Санга ёрок» среди 229 рецептов 51 посвящен производству алкоголя, и еще 4 — способам сохранения вина. В старейшем сборнике рецептов на корейской азбуке хангыль, «Ымсик тимибан», написанной приблизительно в 1670 году, приведено 54 рецепта алкоголя. Практически в каждой кулинарной книге содержалось множество рецептов его приготовления. Особенно это стало заметно во второй половине царствования династии Чосон.

Методы производства алкогольных напитков и их воздействие на человека отражены в трудах «Суун чапчан» (1541), *«Косачхвальё»* (1554), *«Тоныбогам»* (1620), *«Саллим кёнчже»* (1715), «Кюхап чхонсо» (1809), «Имвон сипюкчи» (1827).

Во времена династии Чосон использование клейкого риса в качестве ингредиента для винокурения расширилось, а техника перешла от метода с однократным брожением к методу двух и более раз брожения, что делало напиток прозрачнее, а вкус и аромат глубже.

В технике винокурения наблюдалась постепенная тенденция к утонченности, высшее сословие предпочитало напитки по новому методу, и основными алкогольными продуктами династии Чосон стали *пэкрочжу*, *самчжу*, *ихвачжу*, *чхонгамчжу*, *пуычжу*, *хянончжу* и *кукхвачжу*. Дистиллированные спиртные напитки, появившиеся в конце династии Корё, во время правления династии Чосон производились в больших объемах и часто экспортировались в Японию и Китай.

Вторая половина правления династии Чосон характеризуется наличием множества изысканных напитков с местным колоритом. Это был пхеньянский *пёкхянчжу*, *чхонмёнчжу* из Кимчже и Чхунджу, *чхочжончжу* с острова Чечжудо, *согокчу* из Хансана, а также *тугёнчжу*, *квахачжу*, *тохвачжу* и *сонсунчжу*.

Среди технологий винокурения конца династии Чосон нельзя не упомянуть «технику смешивания алкоголя». Смешанные напитки уникальны тем, что в них сочетаются ферментированное и дистиллированное сырье. В частности, при этой технологии вместо воды или вместе с водой при ферментации зерна используется *сочжу* или *чхончжу*. В Корее нелегко пить крепкий алкоголь в летние месяцы, когда температура и влажность высоки, а также трудно хранить алкоголь в течение длительного времени, поэтому технология приготовления смешанных напитков стала прорывом в винокурении. Она позволила изготавливать напитки средней крепости, подходящие для летней жары и влажности, а также хранить их достаточно долго. Из напитков, приготовленных методом смешения, наиболее известными являются *квахачжу* и *сонсунчжу*.

Если сравнить алкогольные тенденции династии Чосон с предыдущими эпохами, то можно обнаружить три основные особенности. Во-первых, увеличилось количество алкогольных напитков, приготовленных из клейкого риса. В эпоху династии Чосон производство клейкого риса было незначительным, что говорит об эксклюзивности производимого алкоголя. Во-вторых, процесс приготовления алкогольных напитков состоял из нескольких этапов внесения ингредиентов для последующего брожения, что говорит не только о том, что напитки становились все более сложными, но и о том, что крепость их увеличивалась. В-третьих, чрезвычайно возросла популярность *сочжу* в сравнении с эпохой династии Корё, появилось больше его видов. Существовало даже мнение, что повальное увлечение *сочжу* приводит к истощению запасов риса, поэтому имеет смысл конфисковать дистилляторы «*сочжу*кори» у населения.

В написанном в 1846 году популярном сборнике о сезонных обычаях жителей Чосона «Тонгук сэсиги», составленном конфуцианским ученым и чиновником Хон Сон Мо, подробно описываются алкогольные реалии того времени. «В пивных готовят и продают *квахачжу*. Называют его и *согокчу*, и *тугёнчжу*, и *тохвачжу*, и *сончунчжу*, и все они хорошего качества, производят их весной. Что касается *сочжу*, то *самхэчжу*, которое варят в районе Токмак (нынешний район Мапхо в Сеуле), самое хорошее, его готовят тысячи бочек. В провинции Пхёнан из алкогольных напитков ценится *камхор* и *пёкхвачжу*, в Хванхэ *иганчжу*, в регионе Хонам *чуккёкко* и *кеданчжу*, в Чхунчхон — *носанчхун* и другие, и все эти напитки часто отправляют в Сеул в качестве подарков».

В эпоху позднего Чосон в каждом регионе существовали свои уникальные алкогольные напитки. На юге это в основном *тхакчу*, в центральных районах *якчу*, в северных — крепкие дистилляты. Но промышленное производство их так и не было налажено, поэтому традиции производства большинства утеряны. До нас дошли лишь некоторые из них, например *ончжу*, который готовили во дворце, и секрет приготовления которого передавался от вана к вану, а также рецепты напитков, которые готовились в семьях знати — янбань.

В конце XIX — начале XX века традиционные алкогольные напитки продавались в публичных домах, внутри и снаружи постоялых дворов и питейных заведений, в семьях янбаней, в различных забегаловках. Повсеместно *сочжу*, *тхакчу*, *якчу* готовили непосредственно в этих заведениях.

В результате победы в русско-японской войне на Корейском полуострове в 1904 году между Кореей и Японией был подписан договор, который требовал от Кореи привлечения финансовых и дипломатических советников, назначенных Японией. Кроме того, договор предписывал Корее консультироваться с Японией перед заключением договоров с иностранными державами, а также перед предоставлением уступок или заключением контрактов с иностранцами. По прибытии в Корею финансовый советник Мегата предпринял упорядочение денежной системы Кореи, в результате которого была введена японская налоговая система, согласно которой регулировались и облагались налогом производство и продажа алкогольных напитков. По данным японских источников, в 1910 году каждая седьмая корейская семья готовила домашний алкоголь. В 1926 году лицензию на изготовление алкоголя для собственных нужд, а не на продажу, получило 131 700 семей, но в 1934 году выдачу разрешений прекратили, и такое производство стало незаконным.

Развитие современной алкогольной промышленности в Японии было одним из радикальных изменений в рамках усилий японского правительства по быстрой модернизации и полной интеграции в мировую экономику. В досовременные времена в Японии сформировалась собственная культура производства и употребления алкоголя благодаря ассимиляции основных влияний из Китая и Кореи. К XX веку японские производители начали вносить серьезные изменения в производство алкогольных напитков, импортируя современные дистилляционные аппараты из Великобритании. К этому времени имело смысл внести эти изменения и в Корее, которая, будучи новой колонией Японии, должна была поддерживать экономику своего колонизатора. Вскоре, начиная с 1919 года, новые заводы, использующие аппараты непрерывного типа, начали производить дистиллированные алкогольные напитки в больших масштабах и в Корее.

Помимо этих существенных изменений японцы также инициировали несколько крупных социальных реформ, которые в совокупности изменили индустрию, включая закон о налоге на спиртные напитки и современную систему гигиены. Эти изменения по-разному повлияли на Корею и Японию. В Японии прежние режимы, такие как сёгунат Токугава, систематически облагали налогами пивоварни и винокурни, поэтому новая налоговая система в начале XX века вызвала меньше потрясений в отрасли. Несмотря на трудности, небольшие винокурни в Японии пытались как можно скорее вписаться в новую систему, придумывая инновации и модернизируя производство. В результате традиционные дистиллированные напитки развивались параллельно с их заводскими аналогами. Однако для традиционных винокурен в Корее проводимые японцами изменения стали шоком, что привело к резкому упадку в некоторых областях производства традиционного алкоголя.

Поскольку династия Чосон презирала ремесленный и промышленный труд, корейцы, особенно женщины, варили алкоголь дома или занимались производством алкоголя как побочным бизнесом. Поэтому масштабы производства в период Чосон были невелики, методы — непрофессиональны, а технологии — несовершенны. По сравнению с Японией, где традиционно регистрировались, облагались налогами и регулировались частные винокурни, в Корее было гораздо больше производителей алкоголя, учитывая культуру домашнего винокурения; в том числе в частных домах, которые были свободны от налоговых обязательств, поскольку каждый дом мог варить алкогольные напитки для приема гостей и проведения культов поминовения предков. Вскоре после аннексии Кореи Япония начала вводить правила производства алкоголя в своей новой колонии, направленные, в частности, на обеспечение санитарных норм и введение системы налогов и лицензий. Начиная с 1910 года императорская Япония приняла и усовершенствовала Закон о налоге на спиртные напитки, который ввел налоговую ставку на все алкогольные напитки и запретил домашнее пивоварение, являвшееся важной корейской традицией на протяжении веков.

Налоговые сборы от алкоголя занимали первое место в структуре всех налогов. Так, в 1934 году в общей сумме собранных налогов в размере 56 млн 120 тыс. вон 29,5 % приходилось на алкоголь, а сборы земельного налога — лишь 26,2 %. Японский генерал-губернатор очень внимательно следил за доходами от алкоголя.

Введение в 1919 году современных промышленных винокурен, предписанное японским генерал-губернаторством, нанесло еще один сильный удар по традиционной корейской культуре домашнего винокурения. К слову сказать, Япония к тому времени уже более двух десятилетий эксплуатировала современные промышленные перегонные заводы у себя на родине.

Используя новые промышленные колонны для многократной перегонки в больших масштабах, эти винокурни сначала делали высокопроцентные спирты (до 95 %) из более дешевых материалов, таких как картофель или тапиока, вместо зерновых, а затем добавляли воду и подсластители для улучшения вкуса. Это событие знаменует собой появление современной формы промышленного *сочжу* в Корее, которая до сих пор остается доминирующим сортом в стране.

В то же время было предписано обязательно использовать японские дрожжи под названием «черные кодзи» (Aspergillus oryzae) вместо корейской закваски нурук, традиционно используемой для ферментации алкоголя в Корее, что привело к большим изменениям в процессе изготовления традиционного корейского *сочжу*. Использование дешевой и стабильной формы японских дрожжей вместо дорогих и нестабильных традиционных корейских ферментов еще больше подорвало корейские традиции. Уровень использования нурук в *сочжу*, который в 1923 году достигал 99 %, в 1932 году упал до 5 %. Именно в это время вкус *сочжу* начинает меняться. В 1916 году структура производства алкоголя была следующей: *тхакчу* — 75 %, *сочжу* — 14 %, *чхончжу* — 5 %, *якчу* — 4 % и остальные — 2 %.

В отличие от многих традиционных японских винокурен, которые пытались преодолеть последствия вмешательства своего правительства в разработку продукта и продолжали развивать свой традиционный саке, просто улучшая его качество, корейским винокурам, в силу их колониального статуса, было сложно справиться с масштабными японскими изменениями. Поэтому если традиционные винокурни в Японии выжили, то в Корее они быстро пришли в упадок.

Однако за 35 лет японского колониального правления новые формы материальной культуры и идеи, пришедшие на полуостров из Европы через Японию, глубоко укоренились в местном обществе и сохранили свое влияние после ухода Японии, независимо от того, нравились они его жителям или нет. Различные элементы науки и культуры, попавшие на Корейский полуостров в результате колониального правления в то время и продолжавшие оказывать влияние на корейское общество, имели гораздо более раннее происхождение в мировой истории, чем японская эпоха. То же самое относится и к *сочжу* — технология дистилляции была коллективным продуктом развития в результате контактов и обмена в Евразии с древних времен. Новое фабричное промышленное производство *сочжу*, внедренное японцами, продолжалось и после освобождения Кореи.

Бум производства и потребления промышленного *сочжу* в масштабах страны фактически нанес смертельный удар по традиционному *сочжу* и другим ферментированным напиткам из зерна и нурука. В 1948 году было сформировано первое правительство Республики Корея, а в сентябре 1949 года парламентом одобрен закон об регулировании рынка алкоголя. Во время корейской войны и в начале реформ начала 1960-х годов политика в этой области особенно не отличалась от той, что была в годы аннексии. Зерновых не хватало, бюджет сильно зависел от поступлений акцизов на алкоголь, за использованием зерна для производства алкоголя осуществлялся строгий контроль, винокурни также контролировались. В 1965 году на законодательном уровне было запрещено производить спирт и *сочжу* из зернового сырья, а в 1966 году было запрещено использовать рис для производства *тхакчу* и *якчу*, и пришлось применять импортную пшеницу. Ранее эти напитки делали исключительно из риса, а пшеница и пшеничная мука использовались для изготовления дрожжей нурук. Технология поменялась, покупателей не устраивал вкус нового напитка, и у продавцов алкоголя начался кризис.

В лаборатории Министерства по налогам и сборам правда разработали солод из пшеницы, из которого делали затор, и *макколли* из пшеницы постепенно прижилось, а прозрачное вино *чхончжу* теряло цвет, становилось голубоватым и прогорклым, поэтому попытки сделать его из пшеницы провалились.

В 1970-х годах из-за политики правительства количество винокурен уменьшилось. Поскольку готовить напитки из риса было запрещено, конкурентоспособность алкогольных производителей падала. Из 498 предприятий, производящих в 1963 году *якчу*, в 1970 году осталось 259, в 1975 году 45, а в 1990 году их количество сократилось до 24.

Компании, производящие *сочжу*-дистиллят, также массово закрывались, поэтому по указанию правительства в каждой провинции были образованы крупные предприятия, производящие *сочжу* из ректификата.

С подъемом экономики и увеличением населения росли производство алкоголя и его ассортимент. Так, в 1974 году было зафиксировано максимальное производство *макколли*, а именно 1 млн 680 тыс. килолитров. Но в 1980-х годах стал расти спрос на *сочжу* и пиво, а потребление *макколли* заметно упало. Начиная с 1988 года, года Олимпиады в Сеуле, производство пива начинает обгонять производство *макколли*. В 1990-х годах пенный напиток занимает уже больше 50 % в структуре всего производства алкоголя в Корее.

На фоне спада производства и потребления стали предприниматься усилия по возрождению и продвижению корейских традиционных напитков. В 1986 году такие напитки, как *мунбэчжу, мёнчхон тугёнчжу, кёнчжу кёдонпопчу,* вносят в список нематериального культурного наследия Кореи.

В 1990-е годы вновь стало возможным производство алкоголя из зерна, что открыло дорогу промышленному изготовлению традиционных напитков, и *макколли* из риса вновь стало популярным. А в 1995 году было разрешено готовить *каянчжу* (что в переводе означает «домашнее вино») для собственных потребностей.

В 2016 году вышел закон о лицензировании производства алкоголя мелкими предприятиями, согласно которому кафе и рестораны получили возможность самим производить алкогольные напитки и продавать их наряду с едой. Традиция «чумак» — постоялых дворов, где подавали и еду, и собственного изготовления алкоголь, — столетия существовала в Корее. И лишь с введением в 20-х годах XX века акциза на алкоголь эта практика прекратила свое существование и снова возродилась уже после 2016 года.

Глава 2
Виды корейских алкогольных напитков

Спирт в алкогольном напитке всегда получается путем брожения. Брожение сводится к следующему: берут любое сахаросодержащее сырье (например, сахар в винограде содержится в чистом виде, а в зерне представлен в виде крахмала) и перемешивают его с водой — получается сусло. К суслу добавляют дрожжи, и после того, как они «съедят» весь сахар, получается брага. Дрожжи поглощают сахар и выделяют этиловый спирт. Только такой спирт будет пригодным для употребления внутрь. Дрожжи набраживают не только спирт, но и огромный спектр других веществ, в том числе вредных (метанол, изоамилол, сивушные масла, альдегиды). Вкус и запах конечного продукта зависит от того, какое сырье использовалось для брожения.

До того как монголы научили корейцев перегонять зерновую брагу, большинство алкогольных напитков в Корее были ферментированными. Этапы производства были следующими: сусло > брага > последующая обработка.

Исходное сырье подготавливали определенным образом для каждого конкретного напитка: например, размалывали зерно или делали из рисовой муки лепешки, а затем помещали их в воду и добавляли дрожжи. После того как брага отбродит и весь сахар будет переработан в спирт, проводили дальнейшую обработку: фильтровали от дрожжей и остатков сырья, разливали по бутылкам. Такие напитки относятся к слабоалкогольным, т. к. крепость готовой браги обычно небольшая — около 15 %, однако корейцы благодаря различным приемам научились делать ферментированные напитки до 25 % содержания спирта.

Дистиллят — это такой напиток, который был получен путем однократной или многократной перегонки (дистилляции) браги. Суть перегонки заключается в том, что готовую брагу нагревают, при этом спирт и часть других веществ испаряются, проходят через холодильник и конденсируются в приемную емкость. Такой цикл может повторяться несколько раз. Далее проводится постобработка: разбавление водой, добавление трав, настаивание в дубовых бочках и прочее. Такой способ позволяет отделить спирт от дрожжей и очистить его. Очистка происходит примерно до 70 %. В готовый продукт попадает гораздо меньше вредных веществ, которые были выделены дрожжами в процессе брожения, однако их содержание еще очень высоко. С химической точки зрения дистиллят далек от эталона чистоты, однако в этом и есть его смысл. Если мы очистим дистиллят максимально от всех примесей и оставим только спирт, то такой напиток потеряет вкус и запах исходного сырья.

Ректификация — процесс сложный. Дистиллят, полученный из браги, нагревается, превращается в пар, попадает в длинную колонну с насадками, где происходит максимальное разделение смеси на отдельные вещества, которые выстраиваются в этой колонне по порядку температур кипения. После чего открывают кран, сливают все примеси отдельно, а спирт отдельно. С помощью ректификации получают именно спирт с концентрацией около 95 %. Из него делают напитки типа водки или современного *сочжу*, путем разбавления водой и фильтрации. Продукт, сделанный на ректификате, не имеет ни вкуса, ни запаха исходного сырья, либо очень незначительные.

В Корее существует более тысячи алкогольных напитков, различных по вкусу, по используемым ингредиентам, а также по технологиям приготовления. Корейский традиционный алкоголь по способу производства можно разделить на следующие большие виды: *макколли (тхакчу), чхончжу (якчу), сочжу, яксуль (якчжу) и квасильчжу.*

Тхакчу или *макколли* — это ферментированный напиток, получаемый из зерновых, в первую очередь риса. К крахмалистому зерновому сырью могут быть добавлены фрукты, овощи, сахариды, но количество зерновых должно превышать 50 % остальных ингредиентов.

Чхончжу (якчу) — это ферментированный напиток, полученный после фильтрации *тхакчу*, крепость которого должна быть не больше 25 %. В *чхончжу* могут добавляться подсластители, ароматизаторы, красители.

Яксуль — это алкогольный напиток, ферментированный или дистиллированный, в процессе производства которого добавляют лекарственные ингредиенты.

Квасильчжу — алкогольный напиток из ферментированных фруктов: винограда, яблок, персиков, клубники, груши и прочего сырья, или настойка фруктов или ягод на крепком алкоголе, в первую очередь *сочжу*.

Сочжу — алкогольный напиток, получаемый путем дистилляции после сбраживания зернового сырья. В традиционной памяти корейцев *сочжу* — это полностью дистиллированный продукт. Раньше ректификат, которым сейчас называют современное *сочжу*, имел другое название, сегодня они оба существуют под одним именем.

По количеству раз брожения ферментированные напитки подразделяют на *танъянчжу* — один раз, *иянчжу* — два раза, *самъянчжу* — три раза. В результате долгих опытов корейцы для повышения качества алкоголя и повышения его крепости стали добавлять в затор, или как его еще называют, «материнскую брагу», смесь риса (зерновых), ферментов и воды, поэтому стало получаться большое количество совершенно разных напитков. Особенно часто этот способ применялся в холодное время года, когда бактерии ведут себя не очень активно и процесс брожения идет медленно.

Таньянчжу — это бродивший один раз напиток. Специальным образом приготовленный рис *кодупап*, дрожжи нурук и воду смешивают, закладывают в горшок, ставят в прохладное место, закрытое от солнечных лучей, и через семь дней получают алкогольный напиток. Самыми известными приготовленными по этой технологии напитками являются *пуычжу*, *ёнёпчу*, *чхонъян кугичжачжу*, *ильильчжу*, *самильчжу*, *хаиль чхончжу*, тонбанчжу, *погёнгачжу*, *сонёпчу*, *кемёнчжу*, *чхонгамчжу*, *чугёпчжу*, *пэкчачжу*, *хаёпчу*, *пэкчхулчжу*, *омегичжу*, *чихванчжу*, *ихвачжу*. *Танъянчжу* готовят во основном летом, поскольку из-за жары микроорганизмы размножаются быстро, и одного брожения достаточно, чтобы получить качественный напиток.

Дважды сброженный напиток называют *иянчжу*. Этот способ предполагает технологию, при которой сначала готовится затор *митсуль,* или материнская брага, для того, чтобы помочь в активизации брожения и получении более высокого градуса готового напитка, для быстрого роста бактерий, а после этого в него добавляют специальный ингредиент, вторичное сусло, которое называют *витопхи* или *тоссуль*.

Материнская брага готовится следующим образом. Рис мелют в муку и готовят из него крутое тесто, или варят жидкую кашу *чук*, после этого остужают, добавляют дрожжи нурук, и дают начать бродить, а уже после этого вносят вторичное сусло из круто сваренного риса кодупап, заливают в горшки и дают ферментироваться, пока не получают вино. Самые известные напитки, произведенные по этой технологии, это *чольчжу*, *туганчжу*, *чхонмёнчжу*, *хаянчжу*, *хянончжу*, *юхвачжу*, *хэнхвачхунчжу*, *чинянчжу*, *чинсанчжу*, *ильдучжу*, *юкпёнчжу*, *охочжу*, *маннёнхян*, *ёнхэчжу*, *чипсонхян*, *согокчу*, *пёкханчжу*, *пэкхвачжу*, *нокпхачжу* и многие другие. Производят такое вино в основном весной и осенью, когда деятельность микроорганизмов все еще замедлена.

Напитки, приготовленные по технологии, когда после двух циклов брожения к браге добавляют рис *кодупап*, называют *самъянчжу*. Самыми известными в этой категории являются *самхэчжу*, *хосанчхун*, *сунхянчжу*, *сонтханхян*, *самочжу*, *иллёнчжу* и другие. В основном готовили их зимой, когда холодно, заставляя бактерии стабильно размножаться. Но в настоящее время *самъянчжу* готовят в любое время года. Крепость *танянчжу* обычно 6–7°, *иянчжу* — 10–13°, *самъянчжу* — 17–20°.

Существуют также напитки с постепенной закладкой ингредиентов в пять приемов *оянчжу* и в шесть приемов *юкянчжу*, однако дальнейшее брожение уже не дает никакого эффекта, поэтому делают их редко.

Иногда в процессе ферментации к браге добавляют дистиллят, чтобы повысить крепость напитка и обеспечить более длительное хранение готового напитка. Такое вино под названием *квахачжу* впервые было упомянуто в первой кулинарной книге на корейской азбуке хангыль «Ымсик тимибан».

Глава 3
Макколли (тхакчу)

У *макколли* много названий. Его называют *тхакчу*, поскольку оно мутное, *нончжу* — крестьянское вино, потому что было очень популярно среди крестьян, для которых *макколли* был своеобразным допингом. Отправляясь утром на работу, крестьянин мог приложиться к ковшику с *макколли*. Да и в поле часто брали этот напиток: он не только утолял жажду, снимал усталость, но и был весьма калорийным. Кроме того, это рисовое вино называли *тхакпэги*, *тхакпари*, *пэкчу*, *хичжу*, *хёнин*, *тэпхо*, *вантэпхо*, *мочжу* и иначе. *Тхакчу* и *такбэки*, потому что оно мутное, *пэкчу* (белое вино), потому что белое, *качжу* — домашнее вино, потому что его готовили почти в каждом доме, *чэчжу*, потому что в нем присутствует неотфильтрованный осадок, *кокчу* — зерновое вино, поскольку готовили из зерновых, *кукчу* — государственное вино, потому что это был общенациональный напиток.

Этимология слова *макколли* следующая. «Мак» означает «только что», а глагол «корыда» означает «процеживать». То есть, имеется в виду свежий, только что сделанный напиток. И одновременно у этого слова может быть другой смысл, поскольку «магу» означает «кое-как», «небрежно», и мы получаем значение «кое-как процеженный».

Когда появилось *макколли*, доподлинно неизвестно. Но вот уже несколько тысячелетий корейцы употребляют этот напиток, изготавливаемый из клейкого и обычного риса, ячменя и нурука. Уже в период Трех государств было развито производство *макколли*.

В древних летописях «Самгук саги» и «Самгук юса» встречаются такие слова, как *мион* и *чичжу*, означающие хорошее вино, и слово *ёре,* обозначающее *тхакчу,* то есть мутное вино, что указывает, что такой напиток, как *макколли,* уже изготавливался в период Трех государств.

В период правления династии Корё слово *тхакчу* часто встречается в литературе, а в дневнике китайского посланника Сюй Цзина «Гаоли ту цзин» упоминается, что простые люди пили алкоголь с неприятным вкусом и темным цветом.

Видов *макколли* уже тогда было предостаточно. Вот лишь несколько упоминаний об этом напитке в древних корейских литературных памятниках. История происхождения напитка *мочжу* — материнского вина, приводится в труде по литературе эпохи Чосон «Тэдон ясын». Вторая жена вана Сончжо (1584–1632), находясь в ссылке на острове Чечжудо, из отходов вина *чхончжу* приготовила *макколли* и продала задешево местным жителям, которые стали называть этот напиток *тэбимочжу* — «вино матери короля», позднее превратившееся в *мочжу* — «материнское вино».

Существует также история про *макколли* из местечка Канхва. 25-й ван династии Чосон Чхольчон (1849–1863) до 19 лет жил с родителями в этом уезде. После вступления на престол ему регулярно к столу подавали различные яства и большой выбор алкоголя, но Чхольчон не мог забыть вкус *макколли,* которое он пил в Канхва. И вот однажды ван попробовал напиток, который купили для него в одном из питейных заведений. *Макколли* так ему понравился, что он приказал снабжать хозяина одной тысячей сомов (1 сом — 180 л) риса в год, чтобы тот готовил ему *макколли* постоянно, а также назначил его заведующим государственного склада.

Макколли или *тхакчу* — это фактически приготовленная особым образом рисовая брага, которая может разбавляться водой до более низкого градуса, и в которую иногда добавляют различные подсластители, после чего она карбонизируется и превращается в легкий слегка газированный алкогольный напиток молочного цвета. Таким образом, *макколли* — это название заключительного этапа фильтрации рисового вина, а *тхакчу* — термин, используемый для описания прозрачности и мутности спиртного.

После ферментации брага обычно разделяется на два слоя: прозрачный и слой с осадком. Прозрачная часть называется *чхончжу*, а слой с осадком — *макколли*. Однако есть напитки, которые не разделяются на слои даже после завершения ферментации.

Само слово *макколли* появилось не более чем 120 лет назад. В первой корейской ежедневной газете «Мэиль синмун» 20 мая 1898 года была напечатана заметка про чиновника, который пил *макколли*. В другой газете «Тоннип синмун» в 1899 году появляется статья о вреде алкоголя, но в ней отмечается, что *макколли* из риса употреблять полезно. Однако *макколли* из-за дешевизны всегда был очень популярным среди средних слоев общества, рабочего класса, крестьян и студентов.

С ноября 1949 года содержание спирта в *тхакчу* стало контролироваться государством. До 1970-х годов на него по-прежнему приходилось 60–70 % общего потребления алкоголя, но по мере ускорения процесса урбанизации и увеличения числа женщин на офисной работе росли продажи пива, и достигшее в 1970-е годы пика спроса *тхакчу* в конце 70-х стало уступать позиции 4-процентному пиву и 20-процентному *сочжу*.

Макколли пили не только крестьяне. На городских стройках люди перед работой выпивали по чашке *макколли* в качестве своеобразного допинга. Но когда содержание алкоголя в 1985 году увеличилось на два градуса, на производстве стало происходить множество несчастных случаев. После этих инцидентов *макколли* был запрещен на строительных площадках, что привело к дальнейшему снижению его потребления.

До Олимпиады 1988 года в Сеуле *макколли* был самым употребляемым алкогольным напитком в Корее. Однако в 70–80 годах XX века приятные ассоциации сменились воспоминаниями о тяжелом похмелье, больной голове и резком запахе дрожжей. Связано это было с нарушением технологии производства на заводах, несоблюдением санитарных норм и сроков хранения напитка. Мало того, до 1990-х годов законодательно было запрещено использовать рис для изготовления алкогольных напитков, поэтому *макколли* изготавливали из чего угодно, в первую очередь из пшеничной муки с кукурузой и ячменем.

До 1980-х годов основным ингредиентом *тхакчу* была пшеничная мука, в результате чего его качество значительно снизилось. Такой напиток был кислым на вкус и вызывал сильное похмелье. Чтобы сократить производственные расходы за счет ускорения периода брожения, производители стали добавлять в брагу карбид кальция. Это было необходимо потому, что предложение не успевало за спросом. И было бы странно, если бы после такого напитка человек не испытывал похмелье и не страдал от головной боли. «*Карбидное макколли*» пользовалось дурной славой.

Известны также случаи, когда в просроченный напиток — а срок годности непастеризованного *макколли* составляет не больше месяца — добавляли сахар, воду от промывки риса и *сочжу*, чтобы поднять градус, а затем снова пускали в продажу.

Качество напитка определяется температурой ферментации и длительностью выдержки. При употреблении *макколли* с непродолжительной выдержкой в желудке образуется углекислый газ, который по кровеносным сосудам попадает в мозг и вызывает головную боль.

С 2010 года ситуация постепенно стала улучшаться в связи с введением системы безопасности алкогольных напитков, а также правилами маркировки импортного и отечественного риса, а кроме того, запрета использовать емкости более двух литров для продажи *макколли*. В это же время стало восстанавливаться производство традиционного фермента *нурук*.

В результате использования отечественного риса и других качественных ингредиентов конечный продукт стал насыщенным, вкусным и ароматным. В хорошем *макколли* ощущаются фруктовые нотки. Причем в зависимости от региона, производителя и исходного сырья вкус напитка значительно отличается. Градус также изменился. Если в 1980-х годах он был 6–8°, то сейчас варьируется от 3 до 19°. С 1994 года *макколли* могут называться напитки, если их крепость составляет 3° и выше.

Сегодня *макколли* — это традиционный популярный напиток в Корее, насчитывающий более 800 сортов, производимых различными винокурнями. Рынок *макколли* в последние годы меняется, постоянно появляются новые премиум- и крафтовые сорта. Этот напиток уже давно избавился от имиджа дешевого, вызывающего головную боль «алкоголя для дедов», и привлекает молодое поколение в качестве основных потребителей разнообразием ингредиентов, методами производства и сроками выдержки с целью «джентрификации». Популярны туры на винокурни, где можно ознакомиться с процессом производства и продегустировать *макколли*, а также «службы подписки на *макколли*», которые ежемесячно присылают различные виды этого напитка на дом. Изменения на рынке происходят в основном за счет «молодых винокуров». С середины 2000-х годов их обучением занимаются в Корейском институте традиционных алкогольных напитков, Корейском институте *каянчжу* и школах *макколли*. Они меняют методы производства, отказываясь, например, от использования искусственных подсластителей, применяют высококачественное сырье. В 2023 году по инициативе Корейской ассоциации производителей *макколли* была запущена компания по внесению этого напитка в список мирового нематериального культурного наследия ЮНЕСКО.

Существует три типа *тхакчу*: тот, который делается без процеживания, тот, который процеживается, и тот, который делается путем повторного заваривания.

Тхакчу, приготовленный без процеживания, был популярен во времена династии Чосон. Существовали также приготовленные по схожей технологии *ихвачжу* и *сачжольчжу*, но сейчас их уже не найти.

Хапчжу и *макколли* — это те напитки, которые процеживались через сплетенные из прутьев цедилки «ёнсу», а в современных условиях через сито, а *мочжу* готовят путем повторного заваривания оставшейся после процеживания барды.

Согласно корейскому налоговому кодексу, *тхакчу* называется нефильтрованный непрозрачный ферментированный (сброженный) напиток, включающий крахмал, дрожжи нурук или кодзи, воду, а также нефильтрованный непрозрачный напиток, приготовленный из фруктов или овощей. Для производства тхакчу необходимо использовать зерновое сырье не менее 50 % (рис, клейкий рис, ячмень, пшеничную муку, крахмал), а если используется сырье в виде овощей и фруктов, то его должно быть не менее 20 %.

По Закону о гигиене продуктов питания было запрещено добавлять искусственные ароматизаторы и красители в традиционные напитки, такие как *тхакчу*, однако было разрешено использовать различные лекарственные растения. В случае, если запрещенные добавки все же использовались, продукт не мог быть отнесен к категории *тхакчу* или *макколли*, а только к «прочим алкогольным напиткам», от чего резко возрастала налоговая ставка.

Однако правительственные поправки 2024 года к налоговому законодательству меняют существующий порядок. Эти поправки позволяют легально производить *макколли* с различными вкусами, такими как банан, шоколад и клубника, относить такие напитки к категории *тхакчу* и получать налоговые льготы.

Однако многие производители утверждают, что, если алкогольные напитки, содержащие ароматизаторы и красители, будут классифицироваться как *макколли*, это может размыть его традиционную идентичность, которую многие винокуренные компании стремятся сохранить.

Считается, что *макколли* обладает пятью достоинствами: контролирует голод, сильно не опьяняет, согревает, бодрит во время работы, облегчает общение. В традиционном *макколли* небольшое содержание алкоголя и низкая калорийность, которая колеблется от 46 до 63 калорий в 100 мл, что выше, чем у пива (36 калорий), но значительно ниже, чем у вина (70–74 калорий), *сочжу* (141 калория) и виски (250 калорий). Этот рисовый напиток содержит от 1,6 до 1,9 % белка, что довольно много по сравнению с 3 % белка в молоке. В пиве его 0,4 %, а в *сочжу* — 0 %, так что содержание белка в *макколли* огромно.

Белок, содержащийся в зерне и дрожжах, расщепляется на различные аминокислоты в процессе ферментации. Эти аминокислоты чрезвычайно важны для жизнедеятельности человеческого организма. В *макколли* содержится более десяти аминокислот, таких как метионин, изолейцин, которые препятствуют процессам образования жира, повышают иммунитет организма. В исследовании Университета Корё «Влияние *макколли* на человеческий организм» отмечается, что чем крепче алкогольный напиток, тем большую нагрузку он несет на печень, понижает гликемический индекс, нарушает глубокий сон, провоцирует повышение давления и появление других болезней. В противоположность им *макколли* содержит достаточное количество белка, сахарозы, холина, витамина B2, благодаря чему давление не повышается, а витамины снимают нагрузку с печени, и он может служить профилактикой цирроза печени и дистрофии.

Макколли богат пробиотиками и живыми дрожжами. Дрожжи сами по себе являются хорошим источником белка, пищевых волокон и минералов, а также содержат необходимые человеческому организму витамины. В непастеризованном *макколли* содержится значительно больше молочно-кислых бактерий, чем в натуральном йогурте. Лактобактерии существуют в желудке и регулируют кислотно-щелочной баланс, останавливают деятельность различных вредных бактерий, и без них немыслимо существование человека. В *макколли* присутствуют в том числе лактобактерии, которые существуют только в этом напитке: вы их не найдете ни в *сочжу*, ни в пастеризованном пиве, ни в вине, и это является одним из преимуществ *макколли*.

В одной литровой бутылке *макколли* с небольшими отклонениями содержится 70–80 млрд лактобактерий. И если сравнивать с натуральным йогуртом, в котором в 1 мл содержится около 10 млн лактобактерий, то для того, чтобы получить такое же количество лактобактерий, как в бутылке *макколли*, нужно съесть 100–120 упаковок йогурта весом 65 г

В *макколли* 0,8 % органических кислот, таких как лимонная, молочная, яблочная, полезных для ускорения обмена веществ и купирования усталости. Органические кислоты не только утоляют жажду, но и налаживают обмен веществ и не дают усталости накапливаться в организме. В нем также содержатся витамины группы B (витамины B1, B2, B6, ниацин и фолиевая кислота), которые, как было доказано, способствуют регенерации кожи и борьбе с усталостью.

Рисовое вино называют оздоровительным, потому что оно является питательным кладезем пищевых волокон, белка и минералов. После воды (80 %) самым важным ингредиентом рисового вина является пищевая клетчатка, на долю которой приходится около 10 %. Выпивая чашку *макколли*, вы получаете в 100–1000 раз больше клетчатки, чем в том же количестве еды или напитков. Пищевые волокна помогают толстой кишке двигаться, что предотвращает запоры, и очищают кровеносные сосуды, а это в свою очередь помогает предотвратить сердечно-сосудистые заболевания. Поскольку *макколли* ферментируется дрожжами, оно эффективно помогает пищеварению. Если вы страдаете от проблем с пищеварением, бокал *макколли* после еды может оказаться целебным. В противоположность *сочжу*, которое раздражает желудок, *макколли* наоборот его защищает. Кроме того, это рисовое вино понижает уровень сахара в крови, способствует кровообращению, предотвращает образование раковых клеток. В свежем *макколли* живут дрожжевые грибки. В качестве важного микроорганизма, превращающего сахар в спирт, сами по себе они содержат высокого качества протеин, минералы, пищевые волокна, витамины, необходимые для человеческого организма. Именно в мутном, а не прозрачном напитке содержатся живые дрожжи.

Исследования свойств *макколли* постоянно ведутся в Корее. По данным Корейского института питания, *макколли* обладает в том числе антираковыми свойствами, и его употребление способствует профилактике рака груди, рака толстой кишки, печени, кожи, останавливая рост раковых клеток. Помимо этого, *макколли* служит профилактике болезней сердца и гипертонии, понижая уровень холестерина, а также снижает уровень сахара в крови.

Говорят, что в трудные времена в Корее люди ели жмых от *тхакчу*. По сравнению с рисом барда содержит немного меньше углеводов, но при этом в ней больше белка и столько же калорий. Кроме того, в ней больше питательных веществ благодаря росту дрожжей, поэтому она эффективно утоляет голод.

Распространенным заблуждением является то, что *макколли* — дешевый алкогольный напиток. Это далеко не так. *Макколли* очень дешев, поскольку налог на него составляет всего 5 %. Учитывая, что налог на *якчу* и *квасильчжу* составляет 30 %, а налог на *сочжу* и пиво — 72 %. Кроме того, *сочжу* и пиво дополнительно облагаются 30%-ным акцизом.

Раньше на винокурнях для производства *макколли* использовали нурук из пшеницы, а сейчас используют только кодзи (рисовый, пшеничный), и разница между традиционным и современными напитками очень большая. В традиционном *макколли* благодаря различным видам плесени и грибков, ферментам и другим бактериям создавался богатый насыщенный аромат и привлекательный вкус, а у современного промышленного *макколли* из-за того, что используются только один вид бактерий, вкус получается ровный, но не глубокий. Хотя молодое поколение предпринимателей в настоящее время возвращается к истокам, производя крафтовое *макколли* с использованием нурука.

Глава 4
Чхончжу (якчу)

Прозрачный напиток, получаемый после фильтрации *тхакчу*, называли *чхончжу* или *якчу*, но он не имеет никакого отношения к *якянчжу* или *яксуль*, в которые добавляли различные лекарственные растения, насекомых, животных. Название *якчу* появилось в позднюю эпоху государства Чосон в энциклопедии «*Имвон сибюкчи*». В ней упоминается, что находившийся на государственной службе некий Со Сон во время правления вана Инчжо (1623–1649) готовил очень вкусный *чхончжу*, а его дом находился на участке с лекарственными травами, поэтому напиток и назвали *якчу*.

Другая версия его происхождения следующая. Во время царствования 11-го вана Чунчжона (1506–1544), жил человек по имени Со Хэ, которого родители женили на слепой девушке. Несмотря на то что жена была слепой, мужчина ее сильно любил. Когда Со Хэ неожиданно скончался, его жена, заняла денег у родителей и сварила *чхончжу* на продажу. Вкус у напитка был превосходный, он очень быстро попал ко двору вана, а поскольку женщина жила в районе Якхён, где росло много лекарственных растений, то и напиток назвали *якчу*.

Однако скорее всего название *якчу* появилось из-за частых запретов на употребление алкоголя, в частности во времена объявляемых ванами сухих законов. Все алкогольные напитки в эти периоды, за исключением лекарственных, запрещались к употреблению. Считается, что знать пользовалась этой лазейкой, пила много *чхончжу* под видом лекарства, и после этого спиртное стали называть *якчу*, и именно так оно стало общепринятым названием для прозрачного рисового вина.

Чхончжу — это отфильтрованное *тхакчу*. Такая классификация существовала испокон веков. Когда из зерновых делают вино и остается много твердых частиц, это тхакчу; если его отфильтровать и оставить только прозрачную часть, это *чхончжу*. Однако во время японской аннексии название *чхончжу* исчезло. Японцы завезли на полуостров свое рисовое вино, которое называлось *сейсю*. Иероглифы, используемые в обоих словах, одни и те же. Первый означает «прозрачный», второй «вино». Термин *о-саке* используется в Японии для обозначения любых алкогольных напитков. *Сейсю* — официальное название саке, закрепленное в законе. И для того, чтобы различать два напитка, *сейсю* и *чхончжу*, на законодательном уровне японцы заставили называть *чхончжу* именем *якчу*. Это так сильно укоренилось в сознании, что современные корейцы называют эту категорию напитков не *чхончжу*, а *якчу*. Кроме того, до сих пор в Корее система налогообложения в отношении алкоголя, внедренная японцами, практически не поменялась, и согласно ей традиционные напитки категории *чхончжу* именуются *якчу*.

Но хотя *чхончжу* и *сейсю* записываются одними и теми же иероглифами, способы производства их совершенно разные. *Чхончжу* ферментируется с помощью нурука, в котором содержится большой спектр самых разнообразных микроорганизмов, *сейсю* готовят, используя только один вид фермента, а именно грибок кодзи. Во избежание путаницы мы будем называть отфильтрованные ферментированные напитки *чхончжу*, а алкогольные напитки с добавлением любых лекарственных ингредиентов *яксуль* (от *як* — «лекарство» и *суль* — «алкогольный напиток»).

Для примера приводим древний рецепт рисового вина *сунхянчжу* из категории *чхончжу*. Для затора брали 4 маль (1 маль — 3,5 л) белого риса, варили в пароварке, разводили водой (4 маль), на следующий день добавляли 6 тве (1 тве — 350 мл) нурука, 1 тве 8 хоп (1 хоп — 35 мл) пшеничной муки, перемешивали и оставляли на пять дней. Для браги из 6 маль клейкого риса готовили на пару плотный паровой рис, размешивали его с 10 маль кипяченой воды, на следующий день добавляли 4 тве солода, 1 тве и 2 хоп пшеничной муки. Для второй браги брали 6 тве клейкого риса и 4 тве обычного риса, перемалывали, заливали горячей водой, после того как остынет, добавляли в затор на второй или на третий день. После этого добавляли 1 тве нурука к браге и снова заставляли бродить. Получали напиток *самъянчжу* с тремя этапами закладки ингредиентов. Прозрачную жидкость сливали, а осадок выжимали через сито, доливали воду и получали *тхакчу*.

Одним из интересных видов прозрачного рисового вина *был кёдон попчу, которое* готовили в семье одного очень зажиточного землевладельца по имени Чхве, известного в окрестностях Ённама. Предки его осели в Кёнчжу 200 лет назад, и по наследству ему осталось два огромных рисовых поля и чиновничья должность 9-го ранга. В начале эпохи Чосон в учреждении, которое отвечало за королевскую кухню, впервые ввели чиновничью должность *чхамбон* 9-й ступени. Ранг был самый низкий, но тем не менее человек был непосредственно связан с кухней короля.

Когда Чхве оставил службу и покинул столицу, он начал готовить напиток *попчу*. Вкус его был настолько отменным, что о нем стало известно по всей стране. Готовили *попчу* только из риса и дрожжей, воду не добавляли, бродил он с сентября по апрель, а затем его процеживали и хранили в прохладном месте. Чем дольше напиток стоял, тем насыщеннее становились цвет и вкус. Потомки Чхве до сих пор используют воду из колодца около их дома для приготовления легендарного напитка.

Следуя современным тенденциям, связанным с возрождением традиционного алкоголя, местные органы самоуправления находят традиционные уникальные для данной местности напитки и вносят их в перечень объектов нематериального культурного наследия регионального значения. На сегодняшний день их число достигло 30. Так, в Сеуле в такой список попали *Соуль сончжольчжу* и *самхэчжу*. В Тэгу в подобный список был занесен *хянончжу*. В провинции Кёнги — *хаянчжу, поычжу*, или по-другому *тондончжу, онночжу, сансонсочжу*. В провинции Северная Чхунчхон в списке оказались *чхонмёнчжу* из Чунвона, *сонночжу* из Поына, *синсончжу* из Чхонвона, в провинции Южная Чхунчхон — *согокчу* из Хансана, *пэкильчжу* из Керяна, ёнопчу из Асана, инсам мэкчу из Кымсана. В провинции Северная Чолла были отмечены *сончжольчжу* и *иганчжу,* в Южной Чолла — *чинянчжу* из Хэнама, *традиционное хончжу* из Чиндо. В провинциии Северная Кёнсан в список нематериального культурного наследия были занесены *квахачжу* из Кимчхона, *андон сочжу, хосанчхун* из Мунгёна, *сонхвачжу* из Андона, а на острове Чечжудо — *омегисуль* и *косорисуль.*

Сеульский *сончжольчжу* стали готовить в середине эпохи династии Чосон. Жена потомка полководца по имени Ли Чжон Нан, принимавшего участие в Имчжинской войне, придумала новую технологию. Особенностью этого напитка является то, что для него сначала варили в воде из подземных источников наросты сосны, которые называются *капы*, а затем после охлаждения уже на этой воде готовили напиток. И затор, и брага делались из клейкого и обычного белого риса с добавлением размолотого нурука. Помимо сосновых наростов в напиток клали еще и лекарственные травы, такие как гиностемма пятнолистая, дудник корейский, цветы азалии и хризантемы, кожуру цитрона, а также сосновые иголки. Именно поэтому аромат у напитка был очень сильным.

Среди корейских традиционных напитков есть несколько видов, названных в соответствии со временем, когда они изготавливаются, например *самхэчжу, чхонмёнчжу и нупчжу.*

Самхэчжу — вино, приготовленное по технологии *самъянчжу*, а именно с закладкой ингредиентов в три приема, разнесенных по времени, которое начинали готовить в первый десятеричный цикл в третий день первого месяца нового года по лунному календарю, день свиньи, а затем добавляли ингредиенты три раза с интервалом в 12 дней, каждый раз с завершением 12-дневного цикла. Всего вино должно было настаиваться 100 дней.

Чхонмён — один из 24 сельскохозяйственных сезонов, который приходится на период между равноденствиями и сезоном дождей, что соответствует апрелю и маю по григорианскому календарю. *Чхонмёнчжу* крестьяне готовили в начале сельскохозяйственного сезона и пили во время сбора урожая, а затем он стал излюбленным напитком знати при королевском дворе.

Что касается *пуычжу*, то обычно при завершении брожения в прозрачном напитке на поверхность всплывал рис, похожий на яйца муравьев, поэтому этот напиток и называли *пуычжу* — вино с личинками муравьев, а теперь чаще называют *тондончжу*, по аналогии со звуком всплывающих со дна зерен риса. Тон-дон... Согласно труду «Мугынчип», это очень древний напиток эпохи государства Корё, который изготавливался без затора. В книге «Косаль чхварё» приводится один из первых рецептов *пуычжу*. «Возьмите 1 маль клейкого риса и сварите рис кодупап, нурук замочите в воде, уберите весь сор из него и смешайте с рисом, через три дня брага станет прозрачной и на поверхность всплывут зернышки риса».

Глава 5
Сочжу

Сочжу стал национальным напитком Кореи, но так было не всегда. Изначально предки корейцев пили *чхончжу* (*якчу*) и *макколли* (*тхакчу*), причем богатые наслаждались *чхончжу*, а простые люди — *макколли*. Корейцы не умели делать крепкие спиртные напитки вроде *сочжу*. Только благодаря монгольскому влиянию они познакомились с крепкими дистиллятами.

Технологии дистилляции более 4 тыс. лет, и появилась она в древней Месопотамии, но применялась первоначально исключительно для получения благовоний и лекарственных препаратов. Во времена Золотого века ислама в VIII веке арабские алхимики усовершенствовали технологию дистилляции, появились медные аламбики, с помощью которых стали получать спирт. В Европу эта технология из арабского мира попала во времена крестовых походов, а в Китай и Корею — благодаря монгольским завоевателям.

В Корее технология дистилляции распространилась в XIII веке в эпоху позднего Корё, которое было вассальным государством китайской династии Юань, возглавляемой монголами. Монгольские войска готовились к захвату Японии и дислоцировались в различных районах Кореи. Именно в этих областях и получили развитие технологии производства традиционных корейских дистиллятов. Солдаты династии Юань под руководством внука Чингиз-хана Хубилая готовили крепкие напитки путем дистилляции, благодаря чему Андон, Кэсон и Чечжудо, где квартировались монголы, стали центрами винокурения Кореи.

В Кэсоне из проса стали гнать *корянчжу,* в Андоне из риса *андон сочжу,* на Чечжудо — *косорисуль* из чумизы. Дистиллированный алкоголь тогда назывался *араг* на арабском, *арахи* — на монгольском, *араки* — на китайском, *алки* — на маньчжурском и *аракчу* — на корейском. В Корее и сегодня есть виды *сочжу*, которые называются *арак*.

Принцип дистилляции заключается в том, что температура кипения алкоголя составляет 78,4 °С, а воды — 100 °С. При нагревании ферментированных напитков типа *макколли* или *чхончжу* пары алкоголя конденсируются и отделяются от жидкой смеси. Первоначально *сочжу* перегоняли в чугунном котле *камасот*. Наливали в него брагу, на ее поверхность ставили таз, который плавал в браге, котел закрывали крышкой и нагревали, и когда брага закипала, на крышку лили холодную воду. От перепада температур с внутренней поверхности крышки конденсировался и капал в таз алкоголь. Позднее он уже производился в простейших самогонных приспособлениях, называемых *сочжукори*. Таким образом получали алкогольный напиток крепостью от 30 до 50 °С. В эпоху Чосон технология дистилляции совершенствовалась: стали появляться различные виды перегонных аппаратов, такие как *тхокори*, *тонкори*, *свекори*, соответственно, улучшалось качество производимого *сочжу*.

В государстве Корё *сочжу* имело разные названия в разных регионах. В Кэсоне его называли *аракчу*, в провинции Северная Пхёнан и на острове Чеджудо — *аранчжу*, в провинции Северная Кёнсан — *сэчжу*, а в провинциях Чхончжу, Южная Кёнсан — *сочжу*, в Ёнчхоне — *арэчжи*, в Чхончжу — *аллэни*, а в Хэнаме — *хёджу*.

Первое письменное упоминание о *сочжу* появилось в труде «Война полководца Чхве Ёна» во времена правления короля Корё Конмина. В одной из глав говорится, что в декабре 1393 года старший сын вана Тхэджо Пан У заболел и умер, потому что каждый день пил *сочжу*. Другими словами, спился.

В государстве Корё долгое время *сочжу* использовался в основном в лечебных целях, и только во времена династии Чосон его стали употреблять не только как лекарственный препарат, но и повсеместно в качестве алкогольного напитка. В различных источниках эпохи Чосон неоднократно упоминается, что *сочжу*, настоянное на лекарственных травах, нельзя пить в больших количествах, а только небольшими дозами, поскольку было много случаев, когда люди умирали от этого напитка, особенно в летнюю жару.

Известен факт, что, когда скончался пятый ван династии Чосон Мун Чжон (1450–1452), придворные во время траура поддерживали себя *сочжу*, настоянным на лекарственных растениях. В хронике королей династии Чосон «Чосон ванчжо силлок» есть запись о правлении девятого вана Сончжона, в которой автор с осуждением отзывается о злоупотреблении алкоголем. «При ване Сечжоне в домах знати очень редко пили *сочжу*, а теперь расходы на *сочжу* в дни приемов и званых обедов очень сильно возросли». Таким образом, в середине эпохи династии Чосон *сочжу* уже было повсеместно распространен в Корее, и его с большим удовольствием употребляли.

Сегодня на корейском рынке присутствует два вида *сочжу* — традиционное и современное. Разница между ними огромная. Традиционное *сочжу* — это дистиллят, полученный в результате перегонки ферментированных напитков, а современное — это разбавленный ректификат. Имеющие долгую историю *андон сочжу, иганчжу*, *мунбэчжу*, и современные *Сеульские ночи*, *Тэчжанбу, Ильпхум чилло* — это напитки, полученные по традиционной технологии, а *Чхамисуль, Чхоым чхором* и другие, которые продаются в круглосуточных магазинах, в доступном общепите, а также в супермаркетах по всему миру — это промышленный ректификат.

Традиционные алкогольные напитки производились и производятся из злаковых и дрожжей *нурук* или *ипкук*. Рис обязательно отваривается до определенного состояния в зависимости от вида приготавливаемого напитка и смешивается с дрожжами и водой. Через несколько дней масса начинает бродить, и после еще 3–5 дней получается *макколли*. Если дать ему еще немного побродить, и отцедить только прозрачную часть, получится *чхончжу*.

Макколли и *чхончжу* относят к категории ферментированных напитков, таких же как вино или пиво. Крепость их не превышает 20–25°. Для того, чтобы получить *сочжу*, их перегоняют, и крепость уже получается более 40°.

Современное *сочжу*, а именно разбавленный ректификат, до сих пор производится из самого дешевого сырья. Началось это в 1965 году, когда из-за неурожаев на законодательном уровне было запрещено использовать основные зерновые культуры для производства *сочжу*, и тогда для этого начали использовать самые дешевые культуры. Мало того что вкус *сочжу* стал отвратительным, так его сильно разбавляют, в результате чего в настоящее время крепость его упала до 15–16 °C. Из-за запрета использовать зерновое сырье для алкогольных напитков, производство дистиллированного *сочжу* пришло в упадок, и быстро стало развиваться производство *сочжу*-ректификата. Такие известные традиционные сорта дистиллированного *сочжу*, как *иганчжу, андон сочжу, чиндо хончжу,* вновь начали производиться лишь в 90-х годах прошлого века.

Название *сочжу* состоит из двух иероглифов — «сжигать» 燒 и «вино» 酒. Кстати, название китайского дистиллированного напитка под названием шаоцзю записывается так же, как, впрочем, и японское сётю, только вместо второго иероглифа в Японии используют иероглиф 酎, что означает «насыщенное, густое вино». Существование в Восточной Азии трех разновидностей традиционного алкогольного напитка схожего состава, имеющих одно и то же письменное название, предполагает общее происхождение в процессе межкультурного обмена.

Истоки происхождения *сочжу* уходят в глубокую древность. Производство современного *сочжу* действительно началось в Корее и со временем развивалось в соответствии с местными потребностями и вкусами. Однако контекст изобретения *сочжу* выходит далеко за пределы корейского общества, возвращаясь к мультикультурной среде и полусферической экономике Евразии во времена беспрецедентного политического единства, созданного Монгольской империей. Нет сомнений в том, что алкогольные напитки, ставшие предками современного *сочжу*, впервые попали на Корейский полуостров из Китая в виде *шаоцзю*, более известного сегодня как *байцзю*.

Ведущие кочевой образ жизни монголы в ходе своей политической экспансии проявляли активный интерес к производству спиртных напитков на месте. По мнению исследователей-антропологов, монгольские спиртовки всегда были легко переносимыми. Для быстрого изготовления и максимальной мобильности в течение десятилетий военной экспансии монголы переняли дистилляторы, используемые китайцами, чтобы создать упрощенный переносной дистиллятор.

Завоевав южный Китай, монголы столкнулись с китайцами, которые производили дистиллированный алкоголь, называемый *шаоцзю*, на основе брожения зерна. Монголы переняли этот метод, после чего крупномасштабная дистилляция на основе зерна процветала на протяжении эпох Юань и Мин в Китае. А затем, находясь на территории Корейского полуострова в течение 100 лет, монголы передали эту технологию корейцам.

Современный *сочжу* является самым народным напитком в Корее. В сравнении с другими видами алкоголя он самый крепкий и самый дешевый, но так было не всегда. *Сочжу*, который готовился в основном из риса, был дорогим напитком. Из одного килограмма риса, стоившего немалых денег, выходило всего 300–400 мл *сочжу*. В документах эпохи государства Чосон более 130 раз упоминается запрет на алкогольные напитки, в том числе из-за нехватки продовольствия. Живший в XVIII–XIX веках философ, ученый и государственный деятель Чон Як Ён даже подавал прошение королю Чончжо о запрете самогонных аппаратов *сочжу*кори из-за возможных проблем с обеспечением населения зерновыми.

Трансформации в развитии *сочжу* в XX веке заложили основу для расцвета нынешней культуры *сочжу*. На эти трансформации прямо или косвенно повлияли огромные изменения, которые являются отличительными чертами современного периода в мировой истории, включая Научную революцию, начавшуюся в XVIII веке, индустриализацию, модернизацию, колониализм и глобализацию.

Первая трансформация — это модернизация индустрии дистилляции *сочжу*, связанная с внедрением новых технологий и методов, во время колониального правления Кореи империалистической Японией с 1910 по 1945 год. В этот период объем производства традиционного *сочжу*, основанного на методах и рецептах дистилляции, принятых во времена Чосон, постепенно сокращался по мере того, как японские компании внедряли и популяризировали среди корейских потребителей современную форму производства. Вместо традиционных перегонных аппаратов, таких как *сочжу*кори, в новой промышленной форме *сочжу*, введенной японцами, использовались колонные аппараты для массового изготовления алкоголя по низкой цене на больших заводах, которые европейские новаторы разработали в XVIII веке и затем внедрили в Японии в конце XIX века. Примером такого предприятия является совместный корейско-японский завод «Чоильянчжо» в Инчхоне, который был запущен в 1919 году. Именно в это время впервые значительно упала цена на *сочжу*.

Вторая трансформация произошла в новых условиях быстрого экономического развития и государственного строительства, определивших Южную Корею в период между обретением независимости в 1945 году и получением статуса развитой страны в конце XX века. За эти полвека корейцы столкнулись со многими хаотичными и сложными ситуациями, которые поставили их перед серьезными вызовами, включая Корейскую войну (1950–1953), быструю модернизацию и индустриализацию в период диктатуры, за которым последовало яростное движение за демократизацию общества.

В этот период второй раз падает цена на *сочжу*. Из-за неурожая 1963 года на законодательном уровне с 1965 года было запрещено использовать основные зерновые культуры для производства *сочжу*. Из-за этого запрета остановилось изготовление традиционных корейских напитков, таких как *мунбэчжу*, *иганчжу*, *камхонно*, *чуннёкко*, основным сырьем для которых был рис.

В ходе третьей и самой последней трансформации, произошедшей в конце XX — начале XXI века, глобализирующаяся экономика создала беспрецедентно широкие связи между производителями *сочжу* и практически всеми частями света, представляя собой радикальную форму множественного кросс-культурного трансфера за пределы корейской культуры. Вместе с бурным промышленным развитием крупных компаний во время недавней «корейской волны» в последние два десятилетия *сочжу* также начал распространяться в другие страны и конкурировать с другими видами дистиллированных спиртных напитков как на внутреннем, так и на мировом рынках. Эта трансформация, произошедшая в прошлом веке, послужила катализатором развития современного *сочжу* как нового глобального бренда. Именно так *сочжу* стало дешевым доступным напитком простых корейцев с однообразным вкусом. И хотя запрет на использование зерновых был снят в 1985 году, производители продолжают декалитрами делать этот напиток из самого дешевого сырья.

Проблема потребления традиционного алкоголя в Корее, на который до сих пор существует незначительный спрос, связана прежде всего с современным *сочжу*, который является самым востребованным алкогольным напитком в первую очередь из-за цены. Чтобы изменить ситуацию и увеличить спрос на традиционные качественные напитки, необходимо было бы изменить налог на спиртные напитки на адвалорный налог на этанол (т. е. брать плату за миллилитр этанола, содержащегося в напитке), подобно европейским странам, которые взимают в среднем 18,32 евро за литр этанола, тем самым повышая цены на дешевый алкоголь с высоким содержанием этанола, такой как *сочжу*-ректификат. Но ни один политик не захочет потерять популярность, подняв *сочжу* в цене в два-три раза, что будет для него означать политическую смерть. В Корее *сочжу* считается национальным напитком, поэтому введение высокого налога даже не рассматривается.

Однако шанс возродить традиционный *сочжу* появился в 1980-х годах. Правительство начало осознавать, что многие корейцы огорчены исчезновением традиционных спиртных напитков, таких как *сочжу*, из-за чрезмерного участия и контроля со стороны правительства в национальной политике производства алкоголя. Перед проведением крупных международных спортивных соревнований, в том числе Азиатских игр 1986 года и Олимпийских игр 1988 года в Сеуле, правительство стремилось содействовать развитию традиционных сортов алкоголя в каждой провинции, называя их *минсокчу* (национальный народный алкоголь). По мере того как правительство продвигало традиционные алкогольные напитки, традиционная форма дистиллированного *сочжу* получила новую возможность возродиться после 30-летнего забвения. Правительство выдало специальные лицензии тем, кто обучался правильной технике приготовления алкогольных напитков, и эти люди начали создавать традиционный дистиллированный *сочжу*. С тех пор, по мере роста интереса к традиционным видам спиртного, количество винокурен, производящих такой алкоголь, резко возросло.

Хотя некоторые из традиционных напитков вернули себе популярность в Корее, они, к сожалению, уже никогда не заменят дешевый промышленный *сочжу*, к которому привыкли многие корейцы, ни по цене, ни по вкусу. Вместо *чхончжу*, прозрачного процеженного вина, которое было более распространено в домашних условиях в период Чосон, *сочжу* стало самым распространенным алкогольным напитком, употребляемым в ресторанах и барах современной Кореи. Как только новый вид популярного алкоголя изменил вкус людей, его стало сложнее изменить снова. Как следствие, промышленный *сочжу* стал настоящим национальным напитком Кореи.

Тем не менее в последнее время стало появляться большое количество видов *сочжу*, изготовленных из высококачественных ингредиентов на основе традиционных корейских технологий, передаваемых из поколения в поколение, отражающих местные особенности регионов. Напитки из риса и ячменя выдерживают в глиняных горшках и дубовых бочках, а в качестве сырья используют также лимонник, яблоки, виноград, мандарины. Новых разновидностей популярного напитка становится все больше день ото дня. Появилось даже рисовое виски, выдержанное в бочках из корейского дуба.

Настоящий *сочжу* — это дистиллят из зернового ферментированного сырья. Для дистилляции необходима жидкость, в которой содержится алкоголь. Поскольку напиток гонят с использованием огня, его называли «огненное вино» *хвачжу,* а также *пэкчу* — белое вино из-за того, что он прозрачный. Точка кипения алкоголя 78,4 °C, а воды — 100 °C, поэтому алкоголь начинает кипеть раньше, и на этом принципе построена перегонка. В зависимости от крепости браги выход алкоголя 40–42 % разный; так, при крепости браги 17–18 % из 1 л получается 400 мл алкоголя крепостью 42–43 %. В готовом продукте высокое содержание сероводорода и присутствует резкий запах, поэтому ему дают вызреть от 6 месяцев до 1 года, а затем разводят водой до необходимого градуса и фильтруют.

Глава 6
Квасильчжу и яксуль

Технология приготовления *квасильчжу* и *яксуль* очень схожа, поэтому мы рассмотрим оба вида в этой главе. *Квасильчжу* — это алкогольный напиток, для приготовления которого используются фрукты или ягоды.

Существует два типа таких напитков: те, что изготавливаются путем естественного брожения фруктов или ягод — таких как виноград, яблоки, сливы и груши — и те, что изготавливаются путем настаивания фруктов в крепком алкоголе, например в *сочжу*, с добавлением сахара для извлечения аромата вкуса фруктов или ягод. Фактически это хорошо известные нам настойки.

Алкогольные напитки с добавлением цветов, растений, насекомых и животных для ароматизации или получения лечебного эффекта называют *яксуль* — лечебное вино. Среди них самыми известными являются *сончжольчжу* с измельченными сосновыми наростами, *сонхвачжу* с цветками сосны, *чугёпчу с* листьями бамбука, *кукхвачжу* с цветами хризантемы, *пэкхвачжу* с большим количсством разных цветов, *хаёпчу* с листьями лотоса, *тугёнчжу* с цветами азалии.

Заслуженной славой пользуются напитки, приготовленные для получения лечебного эффекта. В первую очередь это *поннёнчжу* с пахимой — лекарственным грибом, растущим на корнях сосны, *огапхичжу* с аралией, *чихванчжу* с реманией, *тангвичжу* с дудником, инсамчжу с женьшенем, а также с черным перцем, ягодами годжи, боярышником, чесноком. Причем лекарственные настойки делали не только с растениями, но и с животными и насекомыми. Например, настойка на змее *пэмсуль* использовалась при болях в суставах, настойку на сколопендрах *чинесуль* рекомендовали при небольших опухолях, для очищения крови, заболеваниях печени, артрите, лимфадените и карциноме. Также корейцы делали настойки на мышах *чвисуль*, которые применяли при инсультах и эпилепсии, а также на шершнях *мальбольчжу*. Известен также напиток *кэсочжу*, для приготовления которого целую собаку помещали в *сочжу* вместе с большим количеством лекарственных растений. Считается, что он эффективен при лечении туберкулеза, плеврита, желудочно-кишечных заболеваниях.

Сочжу, в которое добавляли цветы растений или ароматные вещества, называли *кахянчжу* или *хянянчжу*, то есть ароматное вино. Ароматные вещества добавляли как на стадии ферментации, так и уже в готовый продукт. Для этого использовали азалию, цветы персика и молодые побеги сосны, листья лотоса, цветы сливы и камелии, хризантемы. Их заваривали кипятком, а затем добавляли в *сочжу*. Настаивание применяли обычно в комплексе с другими лекарственными растениями

Одним из таких напитков был *сунхянчжу*. Он готовился в глиняных горшках, в которые наливали *сочжу* только после того, как там запаривали ветки сосны и давали им остыть. Название известного пхеньянского напитка *камхонро* можно перевести как «чистый, как роса, по вкусу сладкий, по цвету красный». При настаивании на дно кувшина наливали мед, добавляли манжурский тимьян, благодаря чему появлялись сладость и красноватый оттенок. Другой популярный напиток, который следует упомянуть, это *иганго* — грушевая настойка с имбирем и медом. Ею славился город Чончжу.

Для ферментированных напитков используются зрелые фрукты, в результате чего получается освежающий вкус с характерной кислинкой фруктов и невысокой крепостью. Сахара во фруктовом соке включают в себе и ферментируемые сахара, такие как глюкоза, фруктоза и сахароза, которые сбраживаются дрожжами, и около 50 % из них превращаются в спирт. Самые известные из таких ферментированных напитков — вино и сидр. Продуктом дистилляция фруктовых ферментированных напитков является бренди. Такое естественное производство алкоголя делает его одним из самых древних алкогольных напитков, используемых человеком. Считается, что даже когда люди жили охотой и собирательством, они уже готовили ферментированные фруктовые алкогольные напитки.

Неизвестно, когда технология ферментации фруктов появилась в Корее. В Китае, с которым у Кореи были тесные торговые и культурные связи, виноделие было популярно уже во времена династии Тан. Поэтому считается, что на Корейском полуострове эта технология появилась во времена государства Силла. В период правления династии Корё упоминания о фруктовых алкогольных напитках встречаются в летописях «Корёса» («История Корё»), «Кынчжэчип» и «Халлим пёльгок». Однако сведения о том, как именно их делали, до нас не дошли. Но уже во времена династии Чосон в таких памятниках, как «Коса чхвальё», «Ёрок», «Ёкчжупанмун», «Саллим кёнчже», «Чынбо саллим кёнчже», «Имвон сибюкчи» описываются виды фруктовых спиртных напитков и приводятся рецепты их приготовления.

В 1960-х годах фруктовые вина в Корее стали производиться промышленным способом. В качестве сырья для них в основном использовался виноград. Тем не менее в ход шли также яблоки, персики, японские абрикосы, сливы, клубника, виноград, актинидия, вишня, китайская айва, цитрон, уссурийская груша. По традиционным рецептам фруктовое вино не изготавливается непосредственно путем брожения фруктов или сока. Как и в случае с рисовым вином, рис или клейкий рис и дрожжи смешиваются с фруктами и соком. В настоящее время спелые фрукты измельчают, выжимают сок, затем обрабатывают серной кислотой, добавляют определенное количество сахара, поскольку одного сахара в соке из корейских фруктов крайне мало для получения достаточного количества алкоголя, затем добавляют дрожжи, сбраживают, выдерживают при температуре 15–20 °C и после этого фильтруют.

Каждое фруктовое вино имеет свой цвет и аромат в зависимости от используемого сырья. Оно содержит органические кислоты, дубильные вещества, щелочные минералы и считается оздоровительным напитком. Содержание алкоголя обычно не превышает 20 %.

Тот способ, который используется сейчас для настаивания на *сочжу* или другом алкоголе фруктов или лекарственных растений, чтобы получить ароматный напиток, не применялся в древней Корее. Обычно лекарственные ингредиенты или фрукты закладывались на определенном этапе ферментации, чтобы сохранить их вкус и аромат.

В труде «Кюхап чхонсо» приводится рецепт приготовления *тугёнчжу*, согласно которому варить его надо из клейкого риса и солода, и когда брага начнет бродить, добавить цветы азалии, положив их в мешок из-под ферментированных соевых бобов мечжу и оставить на месяц. Только после этого у напитка появится правильный вкус.

В «Саллим кёнчже» приводится другой рецепт *тугёнчжу*. Цветы азалии смешивали с солодом и рисом, ставили бродить, а уже после окончания брожения в мешочек клали сухие цветы азалии, чуть притапливали, закрывали плотно крышкой и закапывали в землю, где напиток медленно доходил до готовности.

Глава 7
К-дринк

После К-попа, К-дорам, К-бьюти и К-фуда набирает силу новый мировой тренд — К-дринк. Успехи корейского контента во всем мире не дают покоя производителям корейского алкоголя. На фоне популярности всего корейского особого спроса на К-алкоголь не видно. Государство не уделяет этому аспекту должного внимания, полагая, что предприниматели с их доходами способны сами продвинуть свою продукцию на мировой рынок. Редким исключением является *сочжу*-ректификат, которого экспортируется в год более чем на 100 млн долларов США.

За пределами Кореи очень мало знают о корейских традиционных напитках. Огромный экспорт современного *сочжу* лишь сбивает людей с толку, заставляя думать, что это и есть тот напиток, который корейцы пили испокон веков. Лишь в последнее время потребители стали узнавать, что такое *макколли* и настоящий *сочжу-дистиллят.*

Глобализации современного *сочжу* способствовали следующие тенденции:

1) постепенное распространение корейской кухни благодаря мировым тенденциям глобализации, маркетинговым и рекламным кампаниям, созданию корейских ресторанов, управляемых корейскими иммигрантами, и государственной поддержке Кореи;

2) быстрое распространение корейской культуры благодаря «корейской волне» в начале XXI века;

3) низкая цена *сочжу* и его постоянное предложение на мировых рынках, ставшее возможным благодаря беспрецедентному массовому производству.

Стремительный рост популярности *сочжу* в мире в первую очередь связан, безусловно, с массовой популярностью корейской волны *халлю*. Практически в каждом корейском сериале или фильме присутствуют сцены, в которых люди пьют *сочжу* и едят жареное на гриле мясо или традиционные корейские блюда. Постоянное появление *сочжу* в таких дорамах резко увеличило спрос и экспорт.

Удивительно, но благодаря тенденциям последних 20 лет не имеющий вкуса, безликий *сочжу*-ректификат, а не его традиционные предшественники, стал хорошо продаваться на мировом рынке. Сейчас, в XXI веке, когда промышленный *сочжу* продолжает процветать, производители традиционного *сочжу* с некоторым успехом пытаются его возродить. Однако они столкнулись с многочисленными препятствиями, поскольку возрождение интереса к традиционному *сочжу* привело к тому, что два вида этого напитка — традиционный и современный — оказались по разные стороны в отношениях конкуренции, а также сосуществования. Причем на стороне современного *сочжу* оказались корпорации с огромными финансовыми и лоббистскими возможностями, и им совсем не нужен конкурент в виде традиционного *сочжу*. Поэтому доля традиционных алкогольных напитков в структуре экспорта пока незначительная.

Самая большая проблема заключается в том, что на протяжении десятилетий культура пития дистиллированных спиртных напитков практически исчезла, традиции их потребления забыты, и отсутствуют стимулы восстанавливать спрос. Кроме того, поскольку современный *сочжу* зарекомендовал себя как недорогой алкоголь, это стало барьером для джентрификации и экспортного ценообразования традиционных алкогольных напитков. Традиционные алкогольные напитки до недавнего времени в основном экспортировались в Японию, Китай, Гонконг и страны ЮВА, имеющие сходные с Кореей гастрономические пристрастия. Потребителями в других странах, таких как США и Австралия, являлись в основном местные корейские диаспоры.

У известных алкогольных напитков, помимо отменного вкуса и качества, имеются: узнаваемый бренд, который влияет на спрос и доверие покупателей, дизайн торговой марки, история. Никому не нужно объяснять, что такое саке, водка, текила, виски. У корейского алкоголя всего этого нет, его обобщенно называют «алкоголь из Кореи». Несмотря на долгую историю Кореи и уникальную культуру питания, в стране нет ни одного уникального корейского традиционного алкогольного напитка, который получил бы мировую известность на зарубежных рынках. Отчасти это связано с чрезмерным контролем правительства над алкоголем, а также отсутствием стратегии управления глобализацией у производителей алкоголя, которые пренебрегали сохранением и индустриализацией уникальных вкусов традиционного алкоголя.

Тем не менее в последнее время ситуация меняется. В 2023 году был создан Совет по поддержке экспорта корейского алкоголя k-liquor с участием крупных, средних и мелких предприятий, общественных организаций, правительственных органов и физических лиц. Своей задачей организация ставит через 5–10 лет сделать корейский алкоголь узнаваемым и популярным во всем мире. В 2023 году Национальная налоговая служба выбрала предложенный советом бренд «K-SUUL» в качестве единого корейского алкогольного бренда, который будет применяться к алкогольным напиткам, предназначенным для экспорта, чтобы идентифицировать их как корейскую продукцию, и подготовила меры по поддержке экспорта. Несмотря на все трудности, традиционный алкоголь все же переживает бум стартапов, рынок которых вырос до 160 млрд вон. Количество лицензий на производство алкоголя растет с 2016 года, и на 2022 год их выдано 2885, причем 54,1 % — на производство традиционного алкоголя.

Если задаться вопросом, какие корейские традиционные алкогольные напитки имеют высокий шанс глобализироваться, то в первую очередь во всем мире чрезвычайно популярным становится *макколли*. В 2023 году экспорт этого напитка составил 15 млн 702 тыс. долларов, что на 27,6 % больше, чем годом ранее.

Попытки джентрификации *макколли* уже были ранее. В 2009 году президент Ли Мён Бак пообещал глобализировать повальное увлечение *макколли*, начавшееся в Японии. Десять лет спустя глобализация *макколли* провалилась. Экспорт сократился, а политика продвижения *макколли* заглохла.

Однако в 2009 году *макколли*, который когда-то считался «народным алкоголем», стал переживать возрождение. Интересно, что его источником явилась не Корея, а Япония. Во времена «корейской волны» *макколли* превратилось в популярный напиток именно там. Маккори, как его называли там, стало модным среди японских женщин благодаря меньшему содержанию алкоголя (около 5–6 %) и более мягкому вкусу, чем у саке (около 14–16 %). Свою роль в популярности *макколли* сыграла информация о том, что это ферментированный продукт, полезный для кожи и здоровья. Свою лепту внесли и корейские знаменитости, которые рекламировали этот напиток. *Макколли* в жестяных банках экспортировали в Японию с 1990-х годов, но только в 2009 году ряд факторов сошлись воедино и вызвали бум корейского рисового вина в Японии.

Повальное увлечение *макколли* из Японии быстро перекинулось через пролив. На корейском внутреннем рынке появились винокурни, специализирующиеся на *макколли*, а ряд ресторанных франшиз стал сотрудничать с производителями, получая эксклюзивные продукты от них. Производство *макколли* увеличилось с 176 000 литров в 2009 году до 261 000 литров в 2010 году, то есть на 47,8 % за один год.

В 2009 году администрация президента Ли Мён Бака создала «Целевую группу по глобализации корейских продуктов питания» и выбрала *макколли* наряду с кимчи, токпокки и пибимпапом в качестве товаров для глобализации. Президент назвал себя главой международной команды по связям с общественностью и начал заниматься дипломатией, направленной на продвижение *макколли*.

Министерство сельского хозяйства, рыболовства и продовольствия запустило различные проекты по производству *макколли*. Оно дало этому напитку английское название «Пьяный рис» (Drunken Rice), чтобы иностранцы легче узнавали его, и создало стандартный стакан для *макколли*, чтобы можно было «пить *макколли* правильно». Кроме того, министерство определило *макколли* в качестве стратегического экспортного товара и предоставила 4,8 млрд вон на логистическую поддержку с 2008 по 2011 год.

Но весна *макколли* была недолгой. Его популярность быстро сошла на нет, а рынок сократился. Объем рынка *макколли*, который в 2011 году составлял 507,9 млрд вон (507,9 млн долларов), в 2017 году сократился до 446,9 млрд вон. Стоимость экспорта также резко снизилась с пика в 52,73 млн долларов США (около 62 млрд вон) в 2011 году до 12,41 млн долларов США (около 14,6 млрд вон) в следующем году. Целевой показатель Министерства сельского хозяйства, продовольствия и сельских дел в 80 млн долларов (около 940 млрд вон) по экспорту *макколли* в 2012 году также не был достигнут.

Правительственная политика, направленная на увеличение потребления риса за счет глобализации *макколли*, также потерпела неудачу. В качестве стратегической меры Министерство сельского хозяйства, продовольствия и сельских дел в декабре 2009 года выпустило на рынок «Нуво *макколли*». В запуске приняли участие 34 производителя, а рисовое вино было изготовлено из отечественного риса. В 2011 году последний четверг октября был объявлен «Днем *макколли*» для продвижения этого напитка. Ситуация стала меняться, когда в мире наступил бум всего корейского, и производство *макколли* стало восстанавливаться, появились различные интересные его виды, в том числе категории премиум.

Так, например, в 2010 году семейная пара из Ульсана начала производство *макколли* по домашнему рецепту под брендом «Поксундога *макколли*», по чрезвычайно высокой по тем временам цене, 10 тыс. вон за бутылку, после употребления которого не было традиционной непрекращающейся отрыжки, и пился он как хорошее шампанское. Именно поэтому в народе его прозвали «*Макколли* домпериньон». Также популярностью пользовалось *макколли* «Пьяная обезьяна» из красного риса, разлитое в бутылки из-под молока с добавлением таро, и, конечно, «Хэчхан *макколли*», а также многие другие.

Правительство разработало план, как сделать День *макколли* похожим на немецкий пивной фестиваль Октоберфест или французский винный фестиваль Божоле Нуво. Однако большинство из этих идей были отклонены, а День *макколли* исчез без следа. После того как президент Ли Мён Бак посетил остров Токто в августе 2012 года, на который претендуют японцы, антикорейские настроения в Японии усилились, и все больше японцев стало отворачиваться от *макколли*, и это стало последним гвоздем в крышку гроба политики его глобализации.

Но, скорее всего, дело было в другом. Прежде всего, глобализация рисового вина при тогдашних технологиях была невыполнимой задачей. Срок хранения *макколли* был слишком коротким. В частности, срок годности свежего *макколли*, которое еще не перебродило, составлял всего от 10 до 30 дней. Хотя некоторые компании разработали технологию контроля брожения, срок хранения *макколли* составлял не более трех месяцев.

Кроме того, препятствием для экспорта была необходимость в системе охлаждения при транспортировке. Конечно, для экспорта можно использовать стерилизованный *макколли*. Однако это был продукт, который отклонялся от первоначальной цели «здорового рисового вина», потому что для продления срока годности брожение тормозится путем уничтожения дрожжей и молочнокислых бактерий.

Это была не единственная причина его падения. Когда правительство стало продвигать *макколли* на экспорт, большие и малые компании бросились в погоню за прибылью. Видов *макколли* стало много, в то время как в прошлом их было всего 10 или около того. Производители демпинговали, чтобы продвинуть свой напиток, и демпинговая ценовая конкуренция внутри Японии привела к тому, что рисовое вино стало считаться «дешевым».

Для глобализации *макколли* важно было сначала утвердиться на внутреннем рынке. Кроме того, он должен был обрести свою идентичность как традиционный корейский напиток. В большинстве случаев для *макколли* использовался импортный рис, а производство рисового вина осуществлялось по японским методикам, которые были установлены еще во время японской оккупации.

И все же в последнее время традиционные спиртные напитки, которые предпочитает поколение миллениалов, набирают популярность, оживляя алкогольную промышленность. Молодые люди предпочитают алкоголь, изготовленный из местных ингредиентов и обладающий хорошим вкусом, даже если он дороже *сочжу* или пива. Продажи таких напитков растут уже пять лет подряд. Причина роста популярности традиционных спиртных напитков среди молодежи заключается в том, что в тенденциях их потребления на первый план выходит опыт, а не цена. Люди в возрасте 20–30 лет склонны пробовать различные алкогольные напитки и делиться своими впечатлениями с друзьями в социальных сетях.

На рынке появляются эксклюзивные сорта традиционного алкоголя. Самый дорогой корейский традиционный ферментированный алкогольный напиток — «Хэчхан *макколли* Аполло» от винокурни «Хэчхан» в Хэнаме, провинция Южная Чолла в розницу стоит 1,1 млн вон за бутылку (около 850 долларов). Винокурня Seoul Brewery в Сеуле производит всего 1 200 бутылок в год *макколли* «Seoul Gold», которое стоит 190 000 вон.

Признаком возрастающего интереса к *макколли* за рубежом является то, что если раньше его называли рисовым вином или корейским саке, то теперь уже многие выучили собственно корейское название. Производители *макколли*, такие как «Куксандан» и «Чипхён» все больше обращают свое внимание на зарубежные рынки. Хотя в противоположность другим традиционным национальным напиткам, таким как японское саке или виски, ему еще предстоит пройти долгий и трудный путь, корейские компании ускоряют свою экспансию за границу, справедливо заявляя о его идеальной совместимости с корейской едой «К-фуд», ставшей чрезвычайно популярной во всем мире.

Компания «Чипхён» к концу 2025 года намерена увеличить экспорт *макколли* с сегодняшних 10 стран, включая США, Китай и Тайвань, до 20. Она производит «пастеризованное *макколли*», срок годности которого удалось увеличить до одного года благодаря пастеризации с использованием технологии стабилизации дрожжей. Это экспортный продукт, который компенсирует недостатки свежего *макколли*, содержащего молочнокислые бактерии и подлежащего употреблению в течение месяца.

Другие компании, такие как «Куксандан» и Сеульская ассоциация производителей тхакчу также выпускают стерилизованный *макколли* на экспорт. Компания «Куксандан», которая начала экспортировать рисовое вино на рынок США в 2009 году, в настоящее время продает свою продукцию в более чем 60 странах, в том числе популярное «*макколли* со 100 миллиардами пребиотиков» в одной бутылке. Сеульская ассоциация производителей тхакчу представлена более чем в 30 странах.

Производители *макколли* ориентируются на зарубежные рынки не только из-за растущей популярности этого напитка за рубежом, но и по причине проседающего внутреннего рынка. Объем внутреннего рынка *макколли* сократился с 609,5 млрд вон в 2020 году до 575,4 млрд вон в 2023 году. Это связано с тем, что спрос на *макколли* снижается, поскольку потребление алкоголя диверсифицируется в сторону виски, хайболов и других напитков. Экспорт *макколли,* напротив, увеличился с 12 556 тонн в 2020 году до 14 733 тонн в 2024 году, и рост продолжается.

Другим напитком, который обладает высоким потенциалом для глобализации традиционности, является ферментированное рисовое вино *чхончжу*. Оно идеально сочетается с другими корейскими ферментированными продуктами, также как саке и суши, вино и сыр.

Во времена японской аннексии японские потребители очень высоко оценивали импортируемое из Кореи *чхончжу*.

В последние два-три года значительно вырос спрос на оригинальный *сочжу-дистиллят*. Помимо широко известного *андон сочжу,* в настоящее время производится большое количество дистиллированного *сочжу* по традиционным рецептам.

Некоторым старым алкогольным брендам удается выживать на мировой арене, включая несколько известных корейских народных дистиллятов, таких как *Мунбэчжу*, *Чиндо хончжу* и *Чечжу косорисуль*. Кроме того, некоторые новые бренды *сочжу* традиционной дистилляции, такие как, например, Hwayo, находятся на подъеме благодаря масштабным инвестициям.

Самым известным в Корее традиционным дистиллированным алкогольным напитком, имеющим высокий потенциал для глобализации, без сомнения, является *андон сочжу*, известный со времен государства Корё с конца XIII века, и названный по имени города Андон в провинции Северная Кёнсан. В 1987 году рецепт *сочжу* из Андона был признан нематериальным культурным достоянием провинции. Однако, несмотря на давние традиции и выдающееся качество, продажи андонского *сочжу* в основном ограничиваются внутренним рынком.

Андон сочжу обладает рядом преимуществ, которые позволили ему стать известным в качестве национального репрезентативного сорта. Он имеет высокую привлекательность как наиболее аутентичная форма *сочжу*. После провозглашения в начале прошлого года программы «Глобализация “Андон *Сочжу*”» в провинции Северная Кёнсан работает команда специалистов, результатом работы которой стало то, что продажи на внутреннем рынке достигли 16,7 млрд вон в 2023 году, и это на 25 % больше, чем 13,4 млрд вон в 2022 году, а экспорт увеличился с 600 млн вон в 2022 году до 700 млн вон в 2023 году.

Андонский сочжу с его 750-летним гастрономическим наследием появился на 200 лет раньше шотландского виски, и власти провинции Северная Кёнсан стремятся превратить его в напиток, востребованный на мировом рынке. В качестве первого шага для напитка установили стандарты сертификации качества, и в настоящее время ведется активная работа над конкретной стратегией по его глобализации. Разрабатывается фирменный стиль и единая К-бутылка, которые являются основой для ориентации на внутренний и зарубежный рынки алкоголя и стремятся подчеркнуть уникальную историю знаменитого напитка.

Очень многим нравятся глубокие вкусы и текстуры дистиллированных спиртных напитков, и они не удовлетворены дешевым промышленным *сочжу*. Поэтому некоторые корейские компании пытаются возродить традиционный *сочжу*. Рынок остается очень маленьким, однако за последние два-три года он вырос на 100 %. Традиционные алкогольные напитки, которые в последнее время представляют Азию, — это знаменитые спиртные напитки из Китая и Японии, такие как *маотай, авамори, саке, сетю* и *байцзю*. *Сочжу* имеет такую же глубокую историю, поэтому у него есть потенциал для развития своего авторитета аналогичным образом. Возможно, это и произойдет. Наряду с усилиями по глобализации корейской кухни в XXI веке правительство и бизнес прилагают усилия по экспорту традиционных алкогольных напитков и их дальнейшему развитию на мировом рынке. Это уже не происходит в форме общенациональных кампаний, как при военной диктатуре; тем не менее многие институты и культурные центры, специализирующиеся на алкоголе, чувствуют тот же императив и в этом духе активно продвигают отдельные бренды.

Сегодня на корейском рынке существует огромное количество очень достойных и оригинальных традиционных алкогольных напитков, которые при выполнении ряда условий, в первую очередь целенаправленной политики государства на глобализацию с учетом всех промахов и ошибок, наличии политической воли изменить сложившуюся на перекошенном внутреннем рынке алкоголя ситуацию, могут стать известными и востребованными на зарубежных рынках.

Таким напитком может стать *Чинмэк сочжу* — единственный в Корее *сочжу* на основе отечественной пшеницы, изготовленный из экологически чистого зерна (выращенного в деревне Мёнге, Андон) и дистиллированный с использованием традиционных ручных методов. Начиная с посева семян пшеницы и заканчивая розливом, он производится с особой тщательностью. Выпускается три вида, крепостью 22, 40 и 53°. На создание одной бутылки уходит два года.

Еще одним достойным напитком стал 25-градусный *сочжу* «Рё», название которого взято от второго иероглифа названия древнего корейского государства Корё (高驪), означающего «черный конь». Он изготавливается из батата высшего качества и риса, выращенных в Ёчжу, и сочетает в себе аромат *сочжу* из батата, полученного путем дистилляции под нормальным давлением, и насыщенного вкуса рисового *сочжу*, полученного путем декомпрессионной дистилляции.

Местечко Пёнён в уезде Канчжин провинции Южная Чолла было военной базой, которая была составной частью военной мощи региона во времена династии Чосон. Вино, которым наслаждались военачальники того времени, возродилось в руках мастера Ким Гён Сика, который воссоздал «казарменный *сочжу*» *Пёнён.* Этот напиток делали в условиях нехватки риса. Он изготавливается с использованием местного ячменя и дрожжей ручной работы, выдерживается более трех недель, фильтруется, а затем дистиллируется, и, несмотря на высокое содержание алкоголя, обладает мягким вкусом и насыщенным ароматом.

Кооператив «Тэдэро ённон чохап», сохраняющий традиции приготовления традиционных напитков эпохи государства Корё, выпускает *Тэдэро хончху* крепостью 40° красного насыщенного цвета с мягким вкусом. *Тэдэро хончху* — дистиллят, изготовленный на 100 % из риса сорта «чиндо» с добавлением манчжурского тимьяна чичхо. Пройдя два этапа ферментации, брага дистиллируется при пониженном давлении, и выдерживается в течение длительного времени для создания мягкого и глубокого вкуса. Напиток отличает высокое содержание алкоголя и низкое содержание компонентов, вызывающих похмелье.

В 2022 году певец Пак Чжэ Бом представил напиток *Вонсочжу*, который за девять месяцев после запуска разошелся общим тиражом в четыре миллиона бутылок. С тех пор несколько знаменитостей сотрудничали с крупными ритейлерами, выпуская алкогольные напитки под своими именами.

Нырин маыль сочжу производится путем перегонки чистого деревенского *макколли* долгого брожения премиум класса, произведенного без каких-либо подсластителей, с использованием только риса, дрожжей и воды. У него прозрачный, кристально чистый цвет и сладковатый аромат рисовых зерен. Крепость напитка составляет 21°, что делает его легко пьющимся дистиллированным *сочжу.*

Сори сочжу изготавливается путем перемалывания неочищенного риса без пропаривания, чтобы свести к минимуму образование этилкарбамата, вредного вещества, образующегося при высоких температурах. Вкус *сочжу* отличается от вкуса других дистиллированных напитков благодаря использованию очищенной морской глубинной воды, которая богата природными минералами и известна своими антиоксидантными свойствами. Ферментация неочищенного риса придает напитку гармоничную сладость, соответствующую аромату риса.

В Ичхоне на заводе компании *Hite Jinro* есть огромное помещение для выдержки дистиллированного *сочжу* в дубовых бочках, в том числе знаменитого *Ильпхум чилло.* Здесь хранится более 5000 дубовых бочек. На каждой есть маркировка, например: «Номер 4575, заполнена 24 апреля 1999 года». Бочки потускнели от возраста, а железные ободки, стягивающие их, проржавели. Воздух в помещении тяжелый и холодный. В ноздри ударяет слабый древесный аромат, смешанный с запахом алкоголя. Температура 10 °C, и холод пробирает до костей. Это сердце производства дистиллированного *сочжу Hite Jinro*, включая *Ильпхум чилло.* Процесс производства дистиллированного *сочжу* трудоемкий. Он требует больше времени и средств. Чем дольше выдерживается продукт, тем ценнее он становится. Версия 2023 года, представленная в сентябре прошлого года ограниченной серией в 8000 бутылок, в настоящее время стоит 300 000 вон.

Дистиллят, хранящийся в деревянных бочках, вступает в реакцию с целлюлозой в древесине и превращается в напиток, похожий на виски. Цвет меняется на желто-золотистый, а вкус и аромат становятся насыщеннее с течением времени. Дубовые бочки могут стоить сотни тысяч вон за штуку. Когда-то их использовали для выдержки бурбона в США. Причина использования бывших в употреблении дубовых бочек заключается в том, что они идеально подходят для получения мягкого вкуса. Спиртные напитки, выдержанные в новых дубовых бочках, имеют сильный древесный привкус и могут обладать вяжущим вкусом.

Постепенно приходит понимание того, что необходимо продвигать традиционный алкоголь на мировые рынки как можно активнее на правительственном уровне, и власти Южной Кореи корректируют свою алкогольную политику на экспортно-ориентированную. Поставлена цель к 2027 году увеличить экспорт традиционного алкоголя до 50 млн долларов.

Хочется надеяться, что скоро наступит день, когда корейский традиционный алкоголь станет таким же популярным, как корейская кухня во всем мире, и сможет завоевать сердца любителей пить вкусные качественные напитки. Сегодня, когда на самом пике мода на все корейское, есть шанс глобализировать хотя бы немногие традиционные алкогольные напитки, сделать их востребованными в мире, учитывая в том числе и то, что они идеально сочетаются со ставшей чрезвычайно популярной корейской едой. И упустить такой шанс было бы по меньшей мере глупо.

Глава 8
Алкогольные напитки в КНДР

Как и в Южной Корее, самым популярным алкогольным напитком в КНДР является *сочжу*, причем в стране производят множество различных видов: в Пхеньяне делают *Пхеньян сочжу* и *сочжу Тэдонган*, в Кэсоне — *Сонак сочжу*, а в Расоне — *Чхонгак сочжу*. Кроме того, существует множество других местных алкогольных напитков, изготовленных из местных натуральных ингредиентов, например, *женьшеневый сочжу* из Кэсона, *Мору* из Кангесана, фруктовое вино *квасильчжу*, которое изготавливается из местной черники. Именно северокорейское вино из черники наливали в бокалы, поднимая тосты на межкорейском саммите 2000 года. Кроме того, есть много других фруктовых напитков, изготовленных из местных натуральных ингредиентов.

В КНДР тяжело определить, каким по происхождению является *сочжу* — дистиллятом или ректификатом. Большинство производителей заявляют, что их *сочжу* является дистиллированным, но в условиях хронической нехватки сырья из-за санкций против Северной Кореи вряд ли возможно удовлетворить высокий спрос на алкоголь с помощью дистиллированного *сочжу*, производство которого является сложным процессом. В действительности, по всей видимости, спирт импортируется из Китая в больших количествах, и уже из него производят бо́льшую часть алкогольных напитков.

Исторически на юге Кореи больше всего пили *тхакчу*, а на севере — *сочжу*. После разделения страны эта тенденция сохранилась, и в настоящее время значительная часть алкогольной продукции, производимой в Северной Корее, относится к дистиллированным спиртным напиткам, а жители Северной Кореи настолько строго относятся к алкоголю, что не считают спиртными напитками алкоголь крепостью менее 20°. Это обусловлено тем, что на юге страны климат мягкий, а на севере, под влиянием сибирского антициклона, климат не менее суровый, чем на Дальнем Востоке. Для того чтобы пережить холода, на севере, вероятно, и требовалось более крепкое спиртное. Возможно, именно поэтому самый продаваемый в Республике Корея современный *сочжу Чхамисуль* и дистиллированный *сочжу Мунбэчжу*, считающийся королем *сочжу*, были созданы на севере Кореи. *Чхамисуль Джинро* появился в 1924 году в провинции Пхёнан на заводе «Чинчхон», а *Мунбэчжу*, признанный национальным культурным достоянием Южной Кореи, родился в Пхеньяне.

В Северной Корее есть свой национальный алкогольный напиток. В сентябре 2009 года Ким Чен Ир посетил новый завод *Тэдонган*, попробовал произведенный на нем алкоголь и сказал, что он очень вкусный, что это лучший алкоголь, который он пробовал за сегодня, и что он запомнит его вкус. Ким Чен Ир назвал алкоголь крепостью 25° *Пхеньянским сочжу,* а крепостью 30 и 40° — *Пхеньянчжу*. Кроме того, Ким Чен Ир распорядился, чтобы на этикетке алкогольного напитка на белом и сером фоне были изображены ворота Тэдонмун, символ старого Пхеньяна, а также процесс изготовления алкогольного напитка в старину и красная печать с надписью *Пхеньянский сочжу.*

В книге «Национальные символы КНДР», опубликованной 9 сентября 2018 года Северокорейской академией общественных наук по случаю 70-летия провозглашения КНДР, *Пхеньян сочжу* назван национальным алкогольным напитком. Утверждают, что, после прихода к власти, Ким Чен Ын назначил пхеньянский *сочжу* национальным напитком, потому что «он самый вкусный и к нему привязан народ». Помимо этого, завод производит также *сочжу Корё* с 30 и 40 % алкоголя.

Однако по экономическим причинам, таким как нехватка сырья, количество алкоголя, производимого пищевыми заводами страны, ограничено. Раньше на крупные праздники и юбилеи можно было приобрести по талонам всего одну-две бутылки, поэтому жители в основном удовлетворяли свои потребности за счет *сочжу*, произведенного в домашних условиях. Однако с оживлением рынка в последние годы производство и распространение различных алкогольных напитков постепенно расширяется.

В КНДР активно производят дистиллированные спиртные напитки, особенно *сочжу*, и на их основе делают различные виды напитков с использованием местных продуктов в качестве дополнительных ингредиентов, большинство из которых имеют лечебное действие.

Из наиболее популярных видов таких напитков можно назвать *сочжу* с женьшенем *Кэсон корё инсамсуль, Омичжасуль* с лимонником, *Канге Инпхунсуль* из винограда, часто называемый северокорейцами коньяком, *Рёнбук кокчу* из обычного и клейкого риса с грибами шиитаке, *Ханму тотхорисуль* с желудями, *Хван куронисуль* с желтым амурским полозом в бутылке, *Чаннвесамсуль* из клейкого риса с женьшенем, *Помпёчжу* на костях тигра и с медвежьей желчью, *Ногёнчжу с* оленьими пантами и т. д.

В Южной Корее из желудей делают желе *тотхоримук* и едят его в качестве закуски, а в Северной Корее из них производят алкогольные напитки. Желуди замачивают в воде, измельчают, осахаривают крахмал, содержащийся в них, и после ферментации дистиллируют, получая напиток с крепостью 40°. Удивительно, что и из желудей можно делать алкогольные напитки. Основными ингредиентами *сочжу Сонак сочжу* и вышеупомянутого *Ханму тотхорисуль* являются кукуруза и желуди, они имеют мягкий вкус и изысканный аромат, поэтому пользуются хорошей репутацией.

Какие виды алкоголя еще популярны в Северной Корее? Как и в других странах мира, в Северной Корее есть алкогольные напитки брожения, такие как пиво и фруктовые вина.

Один из самых популярных — вино *Пэктусан тыльчуксуль,* из ягод *тыльчук,* растущих в высокогорных районах Северной Кореи, таких как провинция Янгандо, в районе горы Пэктусан и провинции Северная Хамгён. Ягода относится к семейству азариновых, ее название: Vaccinium uliginosum, английский вариант — Bog Blueberry. Она меньше по размеру, чем обычная голубика, и очень похожа на чернику, богата витамином С и антоцианами, поэтому употребляется в пищу как полезный для здоровья продукт. В Северной Корее эти ягоды перерабатывают в сок, вино и джем. В последнее время их также активно экспортируют в Китай.

Вино из ягод *тыльчук* изготавливается путем их измельчения, первичной ферментации до достижения крепости около 4 %, регулирования кислотности, повторной ферментации и хранения в течение определенного периода. В *Пэктусан тыльчуксуль* 12–16°, но есть и крепкие сорта алкоголя из корейской черники крепостью более 30°, изготовленные методом дистилляции. Например, 45-градусный *тыльчуксуль*, производимым пищевым заводом «Ильоиль» — это напиток, полученный путем смешивания дистиллята на основе клейкого риса и кукурузы с концентратом корейской черники и добавлением фруктозы. Как ферментированный, так и дистиллированный алкоголь из ягод корейской черники в линейке высокого класса выдерживается в дубовых бочках в течение 5, 10, 17 и более лет. Производятся напитки с корейской черникой на пяти заводах: «Хэсан тыльчук», «Ильоиль синнё», «Тэпхён», завод продуктов для здоровья «Ынмильбон» и на Совместном предприятии «Чансэн», но все они продаются под одним названием *тыльчуксуль*. Это связано с особенностями социалистического строя, в котором государственные предприятия на 100 % состоят из предприятий базовых отраслей промышленности. В Северной Корее алкогольные напитки производятся на региональных ликероводочных заводах, находящихся под контролем государства, поэтому между заводами нет конкуренции, и нет необходимости в собственных названиях, таких как бренды. Поэтому местные потребители при покупке обращают внимание, на каком заводе тот или иной напиток произведен.

В частности, «Пэктусан тыльчуксуль» с завода Хесан славится своим высоким качеством. В 1980-х годах он подавался на банкетах во время правительственных приемов.

Этот завод был построен в 1961 году по указанию Ким Ир Сена. После его ввода в строй он дважды посещал предприятие и дал указание «сделать производимый здесь алкоголь напитками мирового уровня, наравне с французским коньяком и шотландским виски».

В Северной Корее насчитывается не менее десяти крупных пивоваренных заводов, что до 2016 г. превышало количество заводов в Южной Корее. Помимо больших заводов существует ряд небольших, например завод Paradise и микропивоварня при международной гостинице в провинции Янгак.

В КНДР удивительно большое разнообразие стилей пенного напитка. Северокорейцы предпочитают пиво европейского типа. В Северной Корее варят различные сорта пива, в том числе паровое пиво (стимбот), овсяный стаут, шоколадный портер, светлый эль, различные лагеры. Из-за нестабильного энергоснабжения, затрудняющего охлаждение пива, распространено паровое пиво — оригинальное пиво в американском стиле, которое бродит при температуре выше комнатной, и рецепт которого они разработали самостоятельно. Пиво типа steam beer в Северной Корее сбраживают с использованием лагерных дрожжей, но по той же причине, что охлаждение нестабильно, популярностью пользуется и эль.

Пхеньянское пиво — самое старое пиво в Северной Корее, его производили еще во времена японской оккупации. Пхеньянское пиво, выпускаемое с 1956 года, имеет содержание алкоголя 5,5 % и производится из ячменного солода и хмеля на Пхеньянском пивоваренном заводе, который также производит разливное пиво.

Пиво «Рёнсон», выпускаемое с 1980 года, производится на одноименной пивоварне в Пхеньяне из ячменя и хмеля, содержание алкоголя в нем составляет 4,5 %. Срок хранения пива составляет три месяца, и оно считается пивом высшего сорта. Среди других сортов пива — «Кымган» с содержанием алкоголя 4 %, производимое на фабрике «Раквон» в Пхеньяне, и пиво «Самган», производимое на фабрике напитков «Раджин». Среди других брендов можно назвать *Пхохак*, *Понхак*, *Самгак* и др.

17 июня 2002 года в Пхеньяне был введен в строй пивоваренный завод «Тэдонган». Этому знаменательному событию была посвящена статья в органе Трудовой Партии Кореи газете «Нодон синмун». По отзывам специалистов и любителей пива, производимый на пивоварне напиток получился высочайшего качества, не уступающий лучшим мировым образцам, и значительно вкуснее южнокорейского. Золотисто-оранжевый лагер «Тэдонган» является брендом № 1 в КНДР. Он считается одним из лучших сортов пива в Корее и «значительно превосходит» все другие массовые сорта пива в Азии по отзывам специалистов. Тэдонган экспортировался в Республику Корея с 2005 до 2007 года.

История пива «Тэдонган» началась в 2001 году, когда Ким Чен Ир посетил пивоваренный завод «Балтика». После этого им была поставлена задача построить в КНДР подобное предприятие, выпускающее превосходящее по своим вкусовым качествам мировые аналоги пиво.

Корейцы пошли по нетрадиционному пути. В пиве важно все: ингредиенты, вода, технология, мастерство пивоваров. Но самое важное — это история и традиции. Через немецкого брокера Уве Оемса они купили закрытую английскую пивоварню Ushers of Trowbridge в графстве Уилтшир, построенную еще в 1824 году, за 25 млн немецких марок. По условиям сделки корейцы забирают все. Завод был разобран по кирпичикам, оборудование по винтикам, которые были пронумерованы, загружены в контейнеры и отправлены в КНДР, а затем в пригороде Пхеньяна был воссоздан в первозданном виде. Он и явился основой нового завода. Необходимое оборудование для расширения и автоматизации производства было закуплено в Германии, рецептура тоже. Огромное количество специалистов прошло обучение в Англии, Германии, Швеции и Китае. В настоящее время завод выпускает восемь сортов оригинального не уступающего мировым аналогам пива, производительность 80 000 бутылок в день, ежегодный объем производства составляет 70 000 литров.

Рис, который почти обязательно используется в любом азиатском пиве, в Северной Корее оставляют для употребления в пищу, редко используя его в пивоварении. В результате пиво получается более насыщенным и богатым, и оказывается, что северокорейское пиво значительно вкуснее в сравнении с другими азиатскими сортами.

Британский экономический еженедельник «Экономист» в 2012 году вызвал бурную реакцию в Южной Корее, заявив, что «пивоварение — единственная полезная деятельность, в которой Северная Корея превосходит Южную». Эта статья и успех небольших пивоваренных заводов в Северной Корее послужили толчком к реформированию пивоваренной промышленности Южной Кореи, в частности к изменению законодательства о спиртных напитках, разрешившему производство крафтового пива на небольших пивоварнях.

Северокорейское пиво имеет низкое содержание хмеля в соответствии с предпочтениями населения. При производстве используется отечественный ячмень, солод и хмель, а также кукуруза. Всего объем производства пива в КНДР оценивается в 150 000 литров в год.

Глава 9
Корейский фудпейринг

Фудпейринг — это гармоничное сочетание алкоголя и еды. Сочетать их — непростая задача, которая может сильно варьироваться от случая к случаю, и никогда не существует единственно верного решения.

У разных людей разные стили питания и личные предпочтения, поэтому то, что может быть вполне приемлемо для одного человека, может оказаться неудовлетворительным для другого. В виноделии французское слово «mariage» (брак или помолвка) используется для описания взаимоотношения между алкоголем и едой, очень точно отражая этот достаточно непростой процесс.

Принципы фудпейринга опираются на силу опыта, ведь сочетание алкоголя и еды — дело тонкое и деликатное. С опытом мы можем научиться правильно сочетать алкоголь и еду, чтобы максимально раскрыть вкус еды, а напиткам придать гармонию и раскрыть их ароматы. Сочетание алкоголя и еды — это постоянный процесс дегустации, изучения запахов, текстуры, температуры, а также внимания ко всем этим вещам, чтобы понять, какой алкоголь хорошо сочетается с той или иной едой.

Алкоголь и еду можно сочетать либо уравнивая вкусы, либо дополняя их. Метод эквивалентности вкусов подразумевает сочетание алкоголя и еды для получения более интенсивных ощущений, а метод дополнения — сочетание противоположных, но сбалансированных вкусов, которые взаимодействуют друг с другом.

Приступая к дегустации, вы должны подумать, на чем вы хотите сосредоточиться больше — на алкоголе или на еде. Если вы хотите сосредоточиться на алкоголе, то сочетайте его с очень простой едой без изысков. Что касается интенсивности, то деликатные вкусы следует сочетать с деликатными напитками, более мягкие вкусы — с напитками, не обладающими сильным ароматом, а блюда с достаточно выраженным характером — с более насыщенными напитками, чтобы создать баланс. В целом алкоголь и еда со схожими характеристиками хорошо сочетаются.

Общие принципы сочетания алкоголя с едой таковы:

1. Сладости: сладкие продукты придают мягким алкогольным напиткам более горький вкус. Сахар приглушает сладость всего, что за ним следует, поэтому сладкие продукты следует сочетать со сладкими напитками.

2. Соленые продукты: химически соль нейтрализует кислоты, поэтому соленые продукты хорошо сочетаются с сильно кислыми напитками, чтобы притупить их резкость.

3. Острая пища: даже небольшое количество алкоголя или кислотности может сделать рот чувствительным и немедленно стимулировать эту чувствительность, поэтому, чтобы компенсировать остроту пищи, сочетайте ее с низкоалкогольными, сладкими и холодными напитками.

4. Кислые продукты: если сочетать кислые продукты с невыдержанным алкоголем, вкус будет притуплен. Кислые блюда следует сочетать с кислыми спиртными напитками.

5. Жирная пища: с жирной пищей рекомендуется употреблять большее количество алкоголя, чтобы нейтрализовать жир. Жирная пища хорошо сочетается с крепким алкоголем. Однако следует подумать о поджелудочной железе.

Корейский алкоголь обладает характерным вкусом и ароматом, поэтому он хорошо сочетается прежде всего с корейской едой. В настоящее время к легким корейским традиционным напиткам, таким как рисовое вино *чхончжу*, рекомендуют и сыр, и легкие овощные салаты, что характерно скорее для фудпейринга западных виноградных вин. Мы остановимся на корейских традиционных принципах сочетания алкоголя и еды, рекомендованных экспертами корейской кухни и шеф-поварами традиционной корейской кухни. Но еще раз повторимся, вкусовые рецепторы у каждого человека индивидуальны, и если вам нравится закусывать *сочжу* селедкой или салом, а *макколли* — сыром с плесенью, то на здоровье. Ваш организм так хочет, и перечить ему не стоит. Он знает лучше.

Бо́льшая часть традиционных корейских напитков являются ферментированными, с небольшим содержанием алкоголя. *Макколли* пьют всегда холодным, поэтому большинство блюд, рекомендуемых к нему, тоже холодные. Кроме того, легкая карбонизация накладывает свои особенности на употребляемую еду в качестве закуски.

Традиционно к *макколли* подают оладьи *пхачжон* с различными начинками. Это и *пхачжон* с морепродуктами, и *пхачжон* с кимчи, и картофельные оладьи *камчжачжон*. К этому напитку также рекомендуют жареное на углях мясо *пулькоги*, замаринованное в острой соевой пасте кочхучжан, особенно если при этом вы заворачиваете мясо в зеленые листья салата. К *макколли* и рисовому вину *чхончжу (якчу)* также рекомендуют вяленое мясо *пхо*, сырую рыбу *хве*, отварное холодное мясо *пхёнюк*, *чокпхён*, похожий на зельц, жареную и тушеную рыбу. Хорошо сочетаются с *макколли* жареные во фритюре сушеные водоросли *кимбугак*. Также рекомендуют к *макколли* подавать легкие супы из рыбы и моллюсков, например такие как *чогетхан* и жареный с кимчи тофу (тубу). Ну и конечно, *макколли* хорошо сочетается с обычными винными закусками, такими как крекеры и фрукты.

По заявлениям экспертов в области корейской кулинарной культуры, к рисовым винам *чхончжу (якчу)* идеально подходят мясные оладьи *юкчжон*, закуска из огурцов *оисон*, жаренная во фритюре картошка *камчжа пугак*. Кроме этого, *чхончжу* прекрасно сочетается с супом *самгетхан* с целым цыпленком, тушеной курицей *такчим*, супом с морепродуктами *хэмультхан*, тушеной рыбой *сэнсон канчжан чорим*.

К фруктовому вину *квасильчжу* подойдут овощные закуски типа *тханпхёнчхэ*, жареный угорь, тушеная рыба, овощи с корейским зельцем *пхёнюк нэнчхэ*, закуска из курицы и овощей в ореховом соусе *чатчып сэнчхэ*, сырая рыба *хве*.

К *сочжу* рекомендуют уже более сытные закуски. Во-первых, это различные супы, такие как *кимчи чигэ*, *кальбитхан*, *соллонт-*

хан, суп с треской *тэгу мальгынтхан*, и густыми супами *чонголь* с мясом, овощами и грибами. Прекрасно *сочжу* сочетается с тушеными говяжьими ребрами *кальбичим*.

Есть в Корее два продукта, неразрывно связанные. Это свиная грудинка *самгёпсаль* и *сочжу*. Употребление первого без второго для корейца немыслимо. Народная мудрость гласит: «Если два корейца выпьют по бутылке *сочжу* с *самгёпсаль*, они станут братьями».

Свиная грудинка — самая любимая часть свинины в Корее. И если до 1990-х годов основными блюдами для дружеских и семейных посиделок были *пулькоги* и рёбра *кальби*, то сейчас это *самгёпсаль*. Вкусно и демократично.

История ее употребления не очень длительная. До 20-х годов XX века свинина в Корее была с отвратительным запахом. Свиней кормили чем попало и не кастрировали, поэтому ни у кого и в мыслях не было просто пожарить кусок мяса, лишь слегка присолив его. Предпочтение отдавали говядине.

Но во времена японского протектората быков часто реквизировали, да и разведение их было недешевым удовольствием. Постепенно началось развитие свиноводства, в результате скрещивания с завезенными появились отечественные высокопродуктивные породы, улучшилась кормовая база, стали применяться передовые на тот момент технологии разведения. Новый толчок свиноводство получило во второй половине 1970-х годов в связи с начавшимся бумом потребления мяса.

Сегодня лучшей закуской к *сочжу* считается жаренная на сковороде или гриле свиная грудинка *самгёпсаль*. Рядом укладывают кусочки кимчи, чеснок, грибы, и все это пропитывается вытопленным ароматным салом. И вкусно, и выпить под такую закуску можно много без серьезных последствий для здоровья.

Эксперты выделяют *андон сочжу*, рекомендуя закусывать этот напиток томленой в бульоне свининой *поссам*, оладьями *чон*, корейским тартаром из говядины *юкхве*, маринованными овощами *чаначи* и лепешками из клейкого риса *чхальток*.

Макколли и *чхончжу* рекомендуется разливать в специальную посуду, представляющую собой небольшие пиалы, поскольку вкус раскрывается именно в такой посуде. Подавать *макколли* и *сочжу*-дистиллят рекомендуется холодными, примерно при температуре 11 °C. Рисовое вино *чхончжу* лучше охлаждать до температуры не ниже 14 °C, поскольку при более низкой температуре аромат и вкус зерновых теряется.

Есть у корейцев словечко, фактически идентичное модному понятию фудпейринг, то есть сочетание еды и алкоголя. Это *панчжу*, что означает пропустить пару рюмок под соответствующую еду.

Корейский сайт HomeSul.com, специализирующийся на продаже корейского алкоголя, регулярно представляет свой «Календарь панчжу», в котором рекомендуются лучшие сочетания сезонных закусок и корейского алкоголя на каждый месяц.

Якчу Хансан согокчу, созданный мастером У Хи Ёлем, лучше всего употреблять охлажденным в январе в паре с *квамэги* — вяленой на морском ветру сайрой. Клубника — отличный сезонный фрукт в феврале для сочетания с сухим виноградным вином *264 Чхонпходо вайн чольчжон.* Жареные осьминожки *чаккуми* идеально сочетаются с весенним рисовым вином *Сансачхун.* Под супчик с камбалой *тодаритхан* в апреле рекомендуют охлажденное *сочжу Нырин маыль сочжу.* В мае с *Нырин маыль макколли* хорошо заходят оладьи *пучхимгэ* с полынью. Угорь, богатый белком и омега-3, — отличный способ восполнить энергию в жаркие летние месяцы в паре с ежевичным вином *Пинтханбок.* К арбузу в июле рекомендуют *Симсуль,* а к тушеной рыбе-сабле в августе — *Андон сочжу.* В сентябре к тушеному голубому крабу нужно подавать дистилированный напиток *Нырин маыль чыннючжу,* а к жареной на гриле в октябре доросоме из семейства сельдевых *Сонмёнсоп макколли,* которое отлично сочетается с жирной рыбой. В ноябре сезонные устрицы необходимо есть с *Мёнин андон сочжу 35°* от мастера Пак Чжэ Со. В декабре под сырую лакедру (желтохвост), говорят, хорошо заходит 25-градусное рисовое вино *Идо 25°.*

Глава 10
Любимый алкоголь лидеров Кореи

Холодное пиво с шапкой пены, бокал вина в уютном кресле, виски или коньяк... Большинство считает, что выпивка после рабочего дня придает силы, снимает весь дневной стресс. А как же президенты? Стресс, связанный с управлением целой страной, огромен. Вот к чему прибегали президенты Южной Кореи и лидеры КНДР, чтобы справиться со всем этим.

Первый президент Республики Корея Ли Сын Ман и президент Юн Бо Сон не употребляли алкоголь вовсе. Ли Сын Ман не употреблял алкоголь по религиозным соображениям, поскольку был христианином, а президент Юн Бо Сон, как говорят, воздерживался от спиртного из-за семейных традиций.

Из напитков Ли Сын Ман предпочитал различные полезные чаи, такие как юльмучха из бусенника, служащий профилактикой рака; чай из периллы, эффективной при различных болезнях, лимонника, цитрона или китайской айвы — в зависимости от сезона. Например, президенту Эйзенхауеру чай с китайской айвой так понравился, что он просил рецепт у жены Ли Сын Мана Франчески.

Среди президентов Южной Кореи Пак Чон Хи известен, как один из самых выпивавших президентов. Пил он самые разные видя алкоголя: и *макколли*, и *якчу* и коктейль *пхоктанчжу*. Причем традиционные *макколли* и *якчу* были его любимыми.

Макколли он предпочитал сорта *Пэдари макколли*, который Пак Сын Он начал делать еще в 1915 году в деревне Чугёри уезда

Коян, провинция Кёнги. Президент был таким любителем выпить, что частенько приходил домой к своим помощникам и засиживался до рассвета, выпивая с ними и болтая. «Бомбический коктейль» *пхоктанчжу* Пак Чон Хи готовил иначе, чем современный его вид. Он смешивал *макколли* и пиво или *сочжу* и *макколли*. Сегодня *пхоктанчжу* делают из пива и виски или пива и *сочжу*.

Пак Чжон Хи часто выезжал в сельскую местность, чтобы попить *макколли* на природе. Также он любить выпить *макколли* после игры в гольф в районе Чугё-дон, а также в течение всех 14 лет в Голубом доме после того, как стал президентом. Он также очень любил употреблять коктейль «макса» — смесь *макколли* и лимонада.

Несмотря на запрет на производство алкогольных напитков из зерновых, который сам Пак и ввел, он был поклонником настоящего *макколли* и продолжал его пить. Устные указания президента были, пожалуй, сильнее любого закона того времени. И ему в Голубой дом везли *Пэдари маколли* и *Кымчжонсансон* из Пусана, сваренные из риса.

Шотландский виски *Chivas Regal* был еще одним напитком, который Пак Чон Хи часто употреблял, именно поэтому его иногда называли «напитком Пак Чжон Хи». *Chivas Regal* считается одним из трех великих купажированных виски, наряду с *Ballantine's* и *Johnnie Walker*. Хотя сейчас это доступный напиток, до либерализации импорта спиртного в 1988 году в Корее он считался символом высшего класса. Пак Чон Хи любил выпить импортный виски по ночам в питейных заведениях. После того как его застрелили, рядом с ним нашли бутылку с *Chivas Regal*.

Президент Чон Ду Хван был большим любителем выпить, любил и виски, и *сочжу*, наслаждался всеми видами алкоголя, хотя в своих мемуарах отрицал это. В армии, будучи старшим офицером, он частенько наведывался в места, где его подчиненные собирались, чтобы выпить вместе, а затем платил за всех.

Рассказывают, что на праздник День освобождения в 2010 году тогдашний президент Ли Мён Бак пригласил его и бывшего президента Ким Ён Сама в Голубой дом на обед. Чон Ду Хван быстро напился и кричал: «А что выпивки больше нет?», а Ким

Ён Сам якобы отвечал ему: «Ты что, пришел в Голубой дом, чтобы напиться?»

Бывший президент Чхве Гю Ха не известен своим пристрастием к алкоголю. Такое же мнение существует и о бывшем президенте Ро Дэ У. Крепкий алкоголь он не признавал. Приближенные утверждают, что он выпивал не больше двух кружек пива в день. В 1989 году в одной из газет была опубликована фотография президента Ро Дэ У в питейном заведении с владельцами газет «Чосон ильбо», «Чунан Ильбо», «Тона ильбо» и «Хангук ильбо». По воспоминаниям очевидцев, один из присутствующих заказал виски для президента, но тот отказался, сказав: «Я не люблю виски».

А президент Ким Ён Сам виски любил. Говорят, что после вступления в должность он перешел с виски на вино, но какой сорт предпочитал, остается неизвестным. Считается, что президент выпивал около половины бутылки вина в день, а в конце срока из-за постоянного стресса уже целую бутылку.

Ким Дэ Чжун держался подальше от алкоголя, хотя мог выпить пару рюмок *сочжу* или два бокала вина в день.

Президент Но Му Хен не употреблял алкоголь во время своего правления, но, как говорят, предпочитал *макколли*, когда поднимали тосты во время званых ужинов. Любимый сорт президента *Тэган макколли* и *Каяессен тхакчу.* После ухода со своего поста Но Му Хён с удовольствием пил *Каяессен тхакчу*, произведенный винокурней «Сандон», вместе с жителями деревни Понха.

Известно также, что в Голубом доме он иногда пил *сомэк* — смесь *сочжу* и пива, а когда встречался с гостями, то вместо вина пил виноградный сок. После ухода с поста президента Но Му Хён перешел на малиновое вино. В октябре 2008 года он посетил завод по производству малинового вина *Сантальги Вайн* и стал его почитателем. Малиновое вино изготавливается из органической малины, выращенной без пестицидов в Кимхэ, провинция Южная Кёнсан. Содержание алкоголя в нем составляет около 11–12°.

Президент Ли Мён Бак в молодости выпивал за раз до 20 коктейлей *пхоктханчжу* — пиво с виски. Говорят, что, когда он был президентом компании Hyundai Engineering & Construction, он сильно пил. Находясь на своем посту, Ли Мён Бак часто наслаждался этим напитком, а во время визита в Казахстан в 2009 году сам приготовил *пхоктханчжу* с водкой для президента Нурсултана Назарбаева. *Сольсон тондончжу*, производимый винокурней «Пёнён» в Канчжине, провинция Южная Чолла, был любимым сортом *макколли* президента Ли Мён Бака.

Президент Пак Кын Хе, говорят, никогда не пила.

Считается, что президент Мун Чжэ Ин также не очень любит алкоголь.

Однако не только во время предвыборной кампании на 19-х президентских выборах, и на 18-х президентских выборах в 2012 году он постоянно повторял: «Я буду президентом, который по дороге с работы заходит на рынок Намдэмун, чтобы выпить *сочжу* с гражданами и пообщаться с ними, президентом, который будет им другом и соседом».

Официально утверждается, что президент Мун не любил пиво, но мог выпить одну бутылку *сочжу*. Во время предвыборной кампании на вопрос, сколько он выпивает, Мун ответил, что «может выпить одну бутылку *сочжу* и не имеет особых привычек в отношении алкоголя».

В 2012 году на фан-сайте президента Муна был опубликован пост «85 вопросов и 85 ответов о Муне Чжэ Ине», в котором также можно было узнать о выпиваемом им количестве алкоголя. Тогда президент Мун ответил, что выпивает одну бутылку *сочжу*, а о своих привычках в отношении алкоголя сказал: «Ничего особенного. Мне нравится вкус алкоголя и беседы за рюмкой», добавив: «Не могу назвать это привычкой, но я стараюсь ограничиваться одной рюмкой».

Один из приближенных президента Муна в интервью СМИ сказал: «(Президент Мун) иногда пьет *сочжу*, когда ему нужно принять важное политическое решение, когда ему нужно глубоко подумать, когда он хочет побыть в одиночестве».

После поминальной службы по случаю третьей годовщины смерти Но Му Хёна в мае 2012 года Мун Чжэ Ин написал на своей странице в социальной сети: «Давайте выпьем *сочжу*. Выпьем, потому что он страдал. Уверен, ему было одиноко».

Любовь отстраненного от должности в результате импичмента президента Юн Сок Ёля к алкоголю не является секретом. Его пристрастие к алкоголю было хорошо известно еще со времен его работы генеральным прокурором: ходили слухи, что он выпивал по 100 кружек пшеничного пива в неделю.

Когда Юн стал президентом, многие опасались, что его проблемы с алкоголем могут поставить крест на его политической карьере. И действительно, вскоре после того, как он стал президентом, стали появляться признаки того, что эти опасения небезосновательны. В мае 2022 года, на следующий день после запуска северокорейской баллистической ракеты, его застали сильно выпившим в обычном ресторане рядом с его квартирой в жилом комплексе Акровиста в квартале Сокхо, что вызвало негодование общественности. Информация о выпивках на рабочем месте, регулярных опозданиях и «сымитированных проездов кортежа» без Юна в машине, продолжались на протяжении всего срока его полномочий.

Всякий раз, когда Юн делал какое-либо заявление или объявлял о политических шагах, которые было трудно понять, в обществе раздавались резкие критические замечания, что он делает это подшофе. Ни один президент в истории Кореи не подвергался такой критике за пьянство. Если других в худшем случае называли любителями выпить, то Юна откровенным алкоголиком. Лидер оппозиционной на тот момент Демократической партии Ли Чжэ Мён назвал однажды Корею «кораблем, за штурвалом которого постоянно пьяный капитан».

По крайней мере, подозрения в наличии алкогольной зависимости у Юн Сок Ёля были всегда. Магнитно-резонансная томография мозга показывает, что кора головного мозга у длительно пьющих людей в целом атрофирована. Это говорит об общем снижении когнитивных функций, в основном в лобной доле.

Самым страшным примером того, как алкоголь, по-видимому, повлиял на мышление президента, стало объявление военного положения 3 декабря 2024 года. До этого Юн Сок Ёль часто употреблял слово «военное положение» на попойках с соратниками.

Юн Сок Юль очень любил смешивать пиво *Terra* с *сочжу Изибэк*. Во время президентских выборов его видели опустошающим стаканы с различными видами алкоголя на различных мероприятиях. В то время СМИ с иронией сообщали, что «утренний график кандидата в президенты относительно расслаблен в рамках подготовки к вечерним попойкам в выборном штабе». Опоздания Юна на мероприятия неоднократно вызывали скандалы уже после его инаугурации.

Избранный в июне 2025 года после импичмента Юн Сок Ёля президент Ли Чжэ Мён по большей части воздерживается от приема спиртных напитков. Родившийся и выросший в полной нищете, он пример того, как человек благодаря только самому себе прошел путь с самого дна на самый верх и стал президентом. Его отношение к алкоголю четко выражено в записи в гостевой книге, сделанной им, когда он еще был кандидатом в президенты, в традиционном чайном доме «Чукхян» в городе Чинчжу провинции Южная Кёнсан. «Народ, пьющий чай, процветает. Ароматом чая «Чукхян» очистится мир». Эта фраза заимствована из высказывания конфуцианского ученого Чон Як Ёна (1762–1836): «Народ, пьющий алкоголь, гибнет, а народ, пьющий чай, процветает».

Однако и трезвенником назвать Ли Чжэ Мёна трудно. Он может себе позволить немного выпить. В частности, после их совместного ужина с председателем Партии новых реформ Чо Гуком в одном из элитных китайских ресторанов в районе Чонно в Сеуле в октябре 2023 года широко обсуждалась тема, что пили два политика. Утверждали, что они баловались дорогим байцзю, однако было подтверждено, что на ужине в этот день подавали недорогой китайский алкогольный напиток *Янтай байцзю*. В данном ресторане продается около 20 видов байцзю по цене от 60 000 вон за 500 мл *Янтай байцзю* до 1,5 млн вон за *Маотай Гуйчжоу*.

Есть у нынешнего президента и штраф за вождение в нетрезвом виде в размере 1,5 млн вон, выписанный в 2004 году, когда он был губернатором провинции Кёнги, при этом уровень алкоголя в его крови составлял 0,158 ‰, что соответствует состоянию сильного алкогольного опьянения и должно было привести к лишению водительских прав. Во время телевизионных дебатов, будучи кандидатом в президенты, Ли Чжэ Мён сказал: «Вождение в нетрезвом виде в прошлом — это пятно, которое я хотел бы стереть».

Часто президенты Кореи использовали алкоголь для создания благоприятного имиджа. Президент Пак Чон Хи — типичный пример. Когда он был председателем Верховного национального собрания после военного переворота, встал вопрос о том, как изменить его авторитарный и жесткий образ. Сделали фотографии, на которых он пьет *макколли* с крестьянами в сезон посадки риса, и пиарили их. Это было настолько эффективно, что этот прием часто вспоминают как пример успешного имиджевого пиара. И впоследствии *макколли* в значительной степени способствовал формированию имиджа Пак Чон Хи как человека, близкого к простому народу.

Последующие президенты также правильно использовали алкоголь для формирования своего имиджа. Потому что выпивка — это естественный способ показать человеческую сторону и стиль руководства. Они приглашали представителей правящих и оппозиционных партий в Голубой дом на ужин с *макколли*, а также участвовали в мероприятиях, где после работы выпивали с простыми людьми в питейных заведениях. Образ президента, пьющего алкоголь и ведущего непринужденную беседу, создает у публики дружелюбное представление о нем.

У лидеров КНДР также существовали свои алкогольные пристрастия. Хотя достоверных сведений из-за закрытости страны совсем немного. Про вкусы Ким Ир Сена известно мало. Утверждают, что любил он русскую водку, которую распробовал еще в СССР, во время нахождения в составе стрелкового батальона на территории Хабаровского края. Кроме того, Великий Вождь уважал женьшеневый *сочжу* и китайский маотай, который стоял часто на его обеденном столе даже после того, как ему после 70 лет порекомендовали не пить. Ким Ир Сен также уважал вино из корейской черники *Пэктусан тыльчуксуль* из-за его лечебных свойств.

Ким Чен Ир любил вкусную еду и дорогие спиртные напитки. Он не жалел денег, чтобы вкусно поесть и выпить. Об этом свидетельствуют многие люди.

По словам японца Фудзимодо Кэндзи, который в течение 13 лет работал личным поваром Ким Чен Ира, его повара объездили весь мир в поисках эксклюзивных продуктов для приготовления блюд. Из Дании они привозили свинину, из Ирана — икру осетра, из Японии — тунца и другие виды рыбы, из Юго-Восточной Азии — фрукты, такие как дуриан и папайю. Конечно, все ингредиенты были высшего качества, поскольку они предназначались для Ким Чен Ира и его семьи. Например, икра осетра в пересчете на сегодняшние цены стоит $13 000 за 1 кг.

Один французский повар, который побывал в Северной Корее и участвовал в банкете Ким Чен Ира, вспоминает, что в то время более 20 видов французских сыров и вин, а также другие ингредиенты, необходимые для приготовления блюд, поступали из разных уголков мира сразу же после заказа.

Ким Чен Ир не упускал возможности отведать деликатесы из морепродуктов и мяса даже во время поездок за границу. Многие помнят, что в 2001 году, когда Ким Чен Ир посетил Россию на поезде, его сопровождал К. Б. Пуликовский, тогдашний полномочный представитель президента России в Дальневосточном регионе. Пуликовский провел 24 часа с Ким Чен Иром в его первом поезде и рассказал об этом в книге «Восточный экспресс». В книге есть разговор с Ким Чен Иром за обедом на тему еды. Среди 30 любимых блюд Ким Чен Ира были суп из плавников акулы, блюдо из молочного поросенка «коя», свиное сало, суп из брюшной части тунца и другие. Среди них Ким Чен Ир больше всего любил блюдо из плавников акулы, и даже во время поездки в Россию он постоянно употреблял его. По словам Пуликовского, продукты для питания Ким Чен Ира доставлялись самолетом прямо из Северной Кореи, а мусор от них запечатывался и отправлялся обратно в Северную Корею. Ким Чен Ир был известен как большой гурман, и, как говорят, во время еды он предпочитал пробовать блюда понемногу, наслаждаясь их вкусом. То есть он ел не для того, чтобы наполнить желудок, а чтобы прочувствовать вкус блюд.

Ким Чен Ир заказывал продукты со всего мира, и то же самое касалось и алкогольных напитков — он употреблял элитные напитки со всего мира. До конца 1990-х годов Ким Чен Ир часто устраивал банкеты для своих ближайших соратников, которые начинались с алкоголя и заканчивались алкоголем. Банкеты для ближайших соратников начались в середине 1970-х годов, когда Ким Чен Ир был объявлен преемником, и обычно проводились два раза в неделю в банкетном зале, который назывался «Рыбный дом» и находился неподалеку от резиденции Ким Чен Ира в Пхеньяне. По прибытии в банкетный зал дежурный по очереди встречал гостей у входа и наливал каждому по бокалу коньяка. В банкетах участвовало около 30–40 человек, и до их начала выпивалось немалое количество коньяка или водки стоимостью в несколько сотен долларов каждая.

Известно, что любимыми напитками Ким Чен Ира, в молодости учившегося в Швейцарии, были европейские виски *Johnny Walker Swing* и коньяк *Hennessy*. Не гнушался Любимый руководитель русской водкой и китайской «маотай». Нравилась ему водка со змеей и традиционный напиток с цветками азалии *тугёнчжу*.

В 1999 году врачи запретили Ким Чен Иру пить крепкие напитки, в первую очередь коньяк, и он переключился на красные вина из Бордо и Бургундии, а также из Испании. По словам повара Ким Чен Ира Фудзимодо Кендзи, в резиденции Ким Чен Ира был винный погреб, в котором хранилось около 10 000 бутылок известных напитков со всего мира.

Британская газета *Daily Mail* раскопала данные о расходах Ким Чен Ира на покупку спиртных напитков. Согласно этой информации, за год до своей смерти Ким Чен Ир потратил более миллиона долларов на покупку французского коньяка *Hennessy*, и был признан крупнейшим покупателем коньяка *Hennessy* за всю историю марки. Одна бутылка коньяка *Hennessy* на тот момент стоила не менее 270 долларов, а элитные сорта — от 670 долларов.

Нынешний лидер КНДР Ким Чен Ын любит пиво *Тэдонган*. Благодаря именно ему *Пхеньян сочжу* стал представительным напитком страны. На встрече Мун Чжэ Ина с Ким Чен Ыном во время межкорейских переговоров на высшем уровне на столе стояла бутылка *Пхеньян сочжу*.

В мае 2023 года глава Национальной разведывательной службы РК Ким Гю Хён, выступая перед комитетом по разведке Национального собрания, сообщил, что Ким Чен Ын сильно зависим от алкоголя и табака, страдает серьезными нарушениями сна, его вес составляет около 140 кг, а когда он пришел к власти в 2012 году весил 90 кг.

Благодаря личному повару лидера КНДР стало известно, что он постоянно пьет алкоголь и курит сигареты, любит пить европейские элитные спиртные напитки, такие как *Johnny Walker Black Label* и коньяк *Hennessy*. Интересно, что отец Ким Чен Ына, Ким Чен Ир, при жизни был известен как человек, потреблявший больше всего этого коньяка в мире. Таким образом, высшее руководитство Северной Кореи остается главным клиентом *Hennessy* из поколения в поколение. Очень любит Ким Чен Ын французское вино. Рассказывают, что как-то он за день выпил десять бутылок. Ну а закусывает он это итальянской сыровяленой пармской ветчиной.

Глава 11
Корейский алкогольный этикет

Пить в Корее — это не только пить, но и общаться, налаживать отношения и связи, решать вопросы, лоббировать свои интересы, поэтому очень важно соблюдать основные существующие правила алкогольного этикета. Культура пития в Корее — это не просто сам процесс приема алкоголя, это важная часть культуры страны, которая объединяет социальное взаимодействие и традиции.

Немаловажным является выбор места в заведении, куда вы отправились пить. Лучшим считается самое удаленное от входа место, где можно сидеть спиной к стене и лицом ко входу, чтобы вы могли видеть входящих и выходящих людей. Также хорошее место — в центре зала, чтобы вам не мешали гости за соседними столиками и снующий персонал. Во главу стола сажают руководителя, почетного гостя или старшего по возрасту или социальному положению.

Социальная иерархия определяет то, как корейцы пьют. Первым предлагают бокал и наливают напиток самому старшему по возрасту или положению, а также тому, кто организовал встречу. Держите бутылку двумя руками в качестве жеста уважения. Такая традиция появилась в эпоху Чосон, когда корейцы носили одежду с широкими рукавами и подбирали их, чтобы они не мешали и не сметали еду со стола. Если расстояние не позволяет держать бутылку обеими руками, положите левую руку на правую грудь, а правой наливайте. Если, конечно, вы не левша. Ориентируйте бутылку так, чтобы ее дно было обращено к вашему торсу. Невежливо наливать в стоящий на столе бокал или рюмку. Только когда ваш визави поднимет свой бокал, вы можете ему налить.

Первый бокал старшему рекомендуется наливать, привстав на одно колено, если вы сидите на полу, и встав, если вы сидите за столом. Если вам наливает старший по возрасту или социальному статусу, принимайте напиток двумя руками в знак уважения. Правой рукой держите рюмку или бокал, а левую расположите под дном бокала или придерживайте снизу свою правую руку. Если в вашем бокале есть остатки, а кто-то хочет вам налить, необходимо выпить остатки и после этого протянуть его, чтобы вам налили.

Вино на Западе обычно наливают так, чтобы этикетка на бутылке была видна. В Корее, где культура отличается от западной, этикетку обычно закрывают ладонью. Не держитесь за горлышко бутылки, когда наливаете. Держите ее чуть выше кромки рюмки и наливайте не более 70 % от объема бокала или рюмки.

В Корее даже трехлетние дети знают, что, когда вам что-то дают, вы должны брать это двумя руками. Пить тоже нужно двумя руками. Если вы пьете с пожилым человеком, вы должны обязательно хотя бы смочить губы, как только вам нальют, и лишь затем поставить рюмку на стол.

Когда вы вместе наполняете бокал, это означает, что все должны присоединиться к тосту. Даже если ваш бокал на этот момент полон, вы должны его выпить, чтобы вам смогли налить. После тоста все ждут, пока старший не начнет пить, и только после этого начинают пить вместе с ним.

Когда выпиваете, поверните голову в противоположную сторону от старшего по возрасту или положению и прикройте рот ладонью левой руки. Если по обе стороны от вас сидят старшие, прикройте рот и пейте в направлении менее старшего человека. Так повелось со времен расцвета конфуцианства. После тоста, даже если вы не хотите пить, надо притворяться, что вы пьете, и надо хотя бы чуть-чуть пригубить, прежде ставить стопку на стол. Когда чокаетесь со старшим, ваша стопка должна быть чуть ниже, чем у старшего, хотя бы на 1 см.

По корейским представлениям, пустой бокал — это знак неуважения. Поэтому необходимо все время следить, чтобы у присутствующих, и в первую очередь у старшего по иерархической лестнице, было налито. Но ни в коем случае нельзя доливать алкоголь в бокал, если там еще что-то есть. Это связано с табу, ведь так делается только для духов умерших.

Даже во время разговора вы должны следить за окружающими и наполнять их бокалы, если видите, что они пусты. Считается, что, если тебе не наполняют бокал, значит, тобой пренебрегают. Особенно это касается пустой стопки начальника. Ни в коем случае нельзя наливать себе самому, но если вдруг вы увидели, что кто-то наливает сам себе, помогите ему со словами «О, простите!»

Когда вам нужно выйти, например чтобы позвонить по телефону или сходить в туалет, тихо сообщите об этом ближайшему к вам человеку.

Если человек оплатил счет, поблагодарите его за еду. Уходя, посмотрите, не осталось ли личных вещей. Будьте внимательны к тем, кто, кажется, слишком много выпил. Спросите, как у них дела, и предложите вызвать такси или проводите.

Алкогольная культура Северной Кореи характеризуется значительными различиями в типах потребляемого алкоголя, партнерах по употреблению, местах употребления и целях употребления в зависимости от статуса и класса. Население в целом пьет часто с соседями и коллегами по работе. Северные корейцы отдают предпочтение количеству, а не качеству и любят расслабленные посиделки с алкоголем. Они пьют в основном домашний или купленный на рынке алкоголь с друзьями и соседями дома, на рынке или на улице. В отличие от них, высокопоставленные члены страны, такие как партийные кадры, пьют относительно редко и с людьми, которым они доверяют. Существует тенденция отдавать предпочтение качеству, а не количеству и вообще избегать выпивки, вероятно, потому, что в случае ошибки они могут потерять больше. Представители высшего класса пьют пиво и крепкие напитки дома или в ночных клубах. В валютных ресторанах самая дешевая бутылка пива стоит около двух долларов. В Северной Корее, где два килограмма риса можно купить за один доллар, люди, которые ходят есть или пить пиво в валютные рестораны или популярные закусочные в центре Пхеньяна, как правило, относятся к классу предпринимателей или валютчиков, а также тех, кто работает в силовых структурах, включая Министерство внутренних дел и Министерство по делам безопасности.

Английское слово toast, означающее «тост», происходит от латинского torrere, что означает «печь». В Англии XVII века поджаренные кусочки хлеба плавали в вине в качестве «подношения богам», чтобы послать добрые пожелания небесам. Постепенно это превратилось в способ поднять бокал за чье-то здоровье. На Западе тост стал означать просьбу к богам о здоровье, успехе и многом другом.

В культуре скандинавских викингов была традиция пить алкоголь после битвы, чтобы заключить мир с врагами. Однако они не могли полностью доверять друг другу. Кто-то мог притвориться дружелюбным, а потом отравить напиток, чтобы убить противника. Поэтому появился обычай звенеть бокалами, чтобы смешать спиртное, и пить до дна, чтобы доказать, что оно не отравлено. По этой же причине появилось корейское выражение «конбэ» (건배) перед тем, как опрокинуть рюмку, произошедшее от иероглифов «смешивать» и «бокал».

Нужно отметить, корейцы практически не произносят тостов. Существует несколько выражений, которые южнокорейцы произносят, прежде чем выпить. Одно из таких — вышеупомянутое «конбэ», а кроме него еще «ван сят» — «до дна» (원 샷), а также «вихаё» (위하여), что можно перевести как «за!», типа «за все хорошее».

Северные корейцы говорят в таких случаях «чук нэпсида» (쭉 냅시다) или «чук та нэчжа» (쭉 다 내자), что близко нашему «давай вздрогнем». На официальных мероприятиях чаще можно услышать «и чаныль нэпсида» (이장을 냅시다) — «давайте опрокинем (выпьем) эти бокалы».

Однако в последнее время в Южной Корее появилась практика произносить тосты, напоминающие те, к которым привыкли мы. Кроме того, молодежь, склонная к инновациям и креативу, придумала целый ряд тостов, представляющих собой слово, на первый взгляд не имеющее никакого отношения к происходящему за столом, однако обладающее глубоким смыслом. Например, подняв бокалы, девушки и юноши кричат: «Чиндаллэ», что в переводе означает «азалия». Причем тут азалия, спросите вы. А дело в том, что «чиндаллэ» составлено из первых слогов слов «чинхаго» (진하고) — «насыщенный», «талькхомхан» (달콤한) — «сладостный» и «нэиль» — (내일) «завтра». Получается «за насыщенное сладостное завтра!»

Или другой пример — «чхонбачжи» (청바지) — «джинсы». «Чхончхун» (청춘) — «молодость», «паро» (바로) — «именно такой», «чигым путхо» (지금부터) — «с этого момента». Смысл тоста — «За такую молодость, как сейчас!».

Или «сауна»: «саран» (사랑) — «любовь», «учжон» (우정) — «дружба», «нануо почжа» (나누워보자) — «давайте делиться», получается «Давайте любить и дружить!».

Распространение дешевых и похожих по вкусу сортов *сочжу* породило новый тип культуры его употребления. Поскольку различие во вкусе перестало быть важным фактором по сравнению с традиционным *сочжу*, люди стали смешивать его с другими напитками, чтобы улучшить вкус. Многие корейцы пьют *сочжу*, смешивая его с пивом в определенных пропорциях в зависимости от своих предпочтений. В современную эпоху, когда в Корее появилось пиво, многие молодые люди стали отказываться от традиционных корейских напитков в пользу новых западных в ресторанах и на дружеских посиделках. Однако на ранних этапах производства в Корее пиво, как и промышленный *сочжу*, было невкусным, поэтому многие стали смешивать эти два напитка. Самый простой способ сделать это — приготовить *пхоктанчжу*, что переводится как «бомба» или «коктейль бомба». Смесь не просто усиливает вкус. Она повышает крепость алкоголя, чтобы люди могли быстро опьянеть. Готовят его, опуская рюмку с крепким алкоголем в стакан или бокал, наполненные пивом, либо просто смешивают пиво и крепкий алкоголь.

Корейцы для того, чтобы получить еще больше удовольствия от выпивки, играют в различные игры с напитками. Например, одной из таких забав является «тальги гейм» — игра «клубника».

Сидящие за столом в определенном ритме выкрикивают слово «клубника» и выкидывают пальцы на обеих руках — от одного до восьми — сначала в возрастающем, а затем в убывающем порядке, пока кто-то не ошибется. Проигравший обязан выпить до дна налитое. Другая игра называется «Титаник». Участники наливают в пивной стакан пиво, в него опускается пустая рюмка, затем каждый по очереди льет в рюмку *сочжу* столько, сколько считает нужным. Тот, у кого рюмка утонет, обязан выпить стакан до дна. Еще одна популярная игра называется «369». Участники по очереди называют числа по порядку от одного до бесконечности. Но числа, содержащие цифры 3, 6 и 9, называть нельзя, а нужно вместо этого хлопнуть в ладоши. Тот, кто произнес число, содержащее эти цифры, выпивает штрафную. Помимо этого, существует еще множество игр, которыми развлекают себя корейцы, когда пьют, в том числе «угадайка»: «нунчхи гейм», «банни банни» и другие.

Рис. 1. Фермент «нурук»

Рис. 2. Рисовая брага

Рис. 3. Макколли перед процеживанием

Рис. 4. Макколли или тхакчу

Рис. 5. Один из видов тхакчу «тондончжу» (поычжу)

Рис. 6. Традиционный корейский дистиллятор «сочжукори»

Рис. 7. Традиционнсе дистиллированное сочжу

Глава 12

Ингредиенты, приспособления и методы производства

Для производства корейских традиционных напитков используют в первую очередь круглозерный рис, как шлифованный, так и бурый необработанный с сохранением оболочки. Для изготовления *макколли* берут белый рис, причем чаще всего клейкий. В нем больше природных сахаров, поэтому напитки получаются более сладкими, и крепость у них выше. Но даже если в рецепте указывается клейкий рис, можете не сомневаясь брать обычный круглозерный рис хорошего качества. Только закладка его должна быть на 20 % больше, или же необходимо уменьшить на 20 % количество воды.

Для *чхончжу (якчу)*, чтобы сделать процесс брожения более медленным, часто используют бурый рис, причем из-за того, что в таком нешлифованном зерне сохраняются полезные вещества и минералы, со временем цвет и вкус напитка становится более насыщенным.

Другим ингредиентом для приготовления алкогольных напитков является ячмень, который также бывает очищенным и неочищенным, необрушенным, сохранившим внешнюю оболочку. Углеводов в ячмене меньше, чем в рисе: 72–78 %. Обычно в ячмене содержится от 4 до 30 % амилозы, а также 4–5 % бетаглюкана, оказывающего благотворное влияние на систему кровоснабжения, способствующего снижению холестерина и укреплению иммунитета. Ячмень также является сырьем для производства пива и напитка *сикхе*, своеобразного корейского пунша.

Пшеницы в Корее всегда было мало. Однако благодаря поставкам из США с 1960 по 1990 год пшеничную муку стали использовали для производства *макколли*. И только в 2000-х годах вернулись к технологии производства *макколли* из риса. Сейчас очень редко делают *макколли* из пшеничной муки, но зато из неё готовят достаточно часто нурук, а потом уже после начала брожения добавляют рис.

Чумиза из семейства мятликовых является еще одним сырьем для производства алкогольных напитков. У нее приятный аромат, и она полезна для здоровья. Один из самых известных напитков из чумизы — это *омегисуль*, который варят на острове Чечжудо.

Из могара или итальянского проса, также из семейства мятликовых, что и чумиза, готовят такие дистилляты, как *мунбэчжу*, *камхонро и косорисуль*.

У сорго, из которого также готовят вино, оболочка плотная, трудно расщепляется на крахмал, в нем много танина, поэтому напиток быстро окисляется и быстро приобретает бурый цвет. В этой связи при изготовлении алкогольных напитков очень трудно поддерживать качество на одинаковом уровне. Тем не менее, из него варят очень популярные *мунбэчжу* и *кемёнчжу*.

Гречку применяют при производстве *макколли* в замесе с пшеницей и рисом. Из бобовых для приготовления алкогольных напитков используют соевые бобы и горох маш. Батат и картофель в основном идут на *сочжу*.

В качестве вспомогательных ингредиентов применяют сахар, глюкозу, изомальтозу, фруктозу, различные сиропы и мед. Глюкоза имеет большое значение для производства *макколли* и *якчу*. Она исправляет вкус ферментированного сырья зерновых, повышает уровень белка и полифенолов, делает цвет глубже, ускоряет выпадение осадка, одним словом, улучшает вкус напитка при каких-то его отрицательных характеристиках.

Хотим обратить внимание, что в традиционных рецептах, как правило, указывается не вес зерна, а его объем, поскольку для приготовления вина необходимо соотносить его количество и количество воды, чтобы получить напиток с определенными характеристиками: сухой, сладкий, полусладкий. Кроме того, связано это и с традиционной корейской системой мер и весов, при которой зерновые отвешивали объемными мерами. Мы используем в рецептах для удобства меры веса для зерна и меры объема для воды.

Нурук и ипкук

Первые упоминания о микроорганизмах, способных перерабатывать крахмал, появились в Азии. Поскольку для производства алкоголя широко применялся рис, а он обладает низкой ферментной активностью, и этого не хватает для полного осахаривания крахмала, долгое время алкогольные напитки из риса готовились с добавлением фермента амилазы, а именно человеческой слюны. Рис хорошенько пережевывали и сплевывали в емкость. Под воздействием амилолитических ферментов шел гидролиз крахмала, дрожжи потребляли полученные в результате этого процесса сахара и выделяли спирт. Позднее заметили, что плесневый грибок Aspergillus обладает высокой амилолитической активностью и способен перерабатывать крахмал на простые сахара. Поэтому специально заражали отваренный рис этим грибком для расщепления крахмала. Кроме того, стали также использовать черную плесень Rhizopus oryzae, относящуюся к семейству мукоровых, которая обладает высокой амилолитической и протеолетической активностью.

В Корее при производстве алкогольных напитков используют в основном закваску из пшеницы нурук, которая содержит большое количество микроорганизмов, включая плесневый грибок Aspergillus, черную плесень Rhizopus oryzae, молочнокислые бактерии, дрожжи преимущественно Pichia anomala и Saccharomyces cerevisiae. Нурук, который делают только из пшеницы, называют *пунгок*, из пшеничной муки и пшеничных отрубей для производства тхакчу *чогок*. Хотя корейцы нередко использовали и нурук, сделанный из риса. Произведенный из рисовой муки нурук, называемый *ихвагок*, обладает хорошей способностью осахаривать крахмал, а у *пэгок*-нурука, сделанного из пшеничной муки, хорошая способность к ферментации.

Изготовление нурука из пшеничной муки достаточно сложный и хлопотный процесс, на результат которого влияют множество факторов. Так, например, частицы, образующие нурук из пшеничной муки, очень мелкие, быстро слипаются, и масса твердеет, влага внутри плохо испаряется, и нурук может начать внутри гнить, а сверху сохнуть. Бактериям тяжело проникнуть внутрь, поэтому часто при изготовлении нурука смешивают пшеничную муку с рисовой.

Традиционный нурук производят в различных формах, и в зависимости от используемого сырья существуют его десятки видов. На разрез нурук обычно желтого или белого цвета, что означает, что гифы глубоко проникли внутрь. Грязноватый цвет говорит о том, что при ферментации влажность была повышенной, а температура высокой. Когда нурук тонкий, он быстрее формируется и ферментируется, и цвет у него хороший, но влага на поверхности быстро испаряется, и процесс осахаривания может не пойти должным образом. К тому же аромат у напитка получается недостаточно глубокий, а после процеживания браги остается много барды.

В толстых брусках нурука испарение происходит медленно, температура внутри повышается, и поэтому в них могут развиваться вредные бактерии. Влага из атмосферы легко проникает внутрь, а влага из брусков испаряется плохо, поэтому внутри может начаться процесс гниения. При формировании нурука необходимо очень плотно его утрамбовывать, иначе внутри останутся поры, через которые могут проникнуть вредные бактерии, приводящие к порче продукта. Поэтому необходимо контролировать плотность и температуру при закладке нурука, особенно летом в самые жаркие дни

В нуруке размножаются плесневые грибки rhizopus, Aspergillus, absidia, mucor, ферменты в сахаромицетах (класс сумчатых грибов (аскомицетов), сенная палочка, лактобактерии. Причем их не специально культивируют, они возникают сами по себе из атмосферы, из растений, которые кладут в нурук для ускорения ферментации. Поэтому в зависимости от региона и способа приготовления содержание бактерий в нуруке может сильно различаться. Даже в одном и том же регионе нурук может быть разным. От содержания нурука зависит цвет и вкус готового напитка. Поэтому на каждой винокурне, производящей *макколли* или *чхончжу* с использованием своего собственного нурука, вкус и аромат готовых напитков сильно разнится.

Чаще всего нурук изготавливали из цельной пшеницы путем ее дробления на достаточно крупные кусочки. Произведенный из такого сырья нурук, а именно *пунгок,* используют для производства *макколли* и *чхончжу*. Для замеса всегда используйте кипяченную охлажденную воду, чтобы предотвратить возможное заражение различными нежелательными бактериями. Обычно в размолотую пшеницу добавляли воду, укладывали массу в ткань и месили ногами, пока не образовывался кусок теста. Нурук в наших условиях купить достаточно сложно, но можно сделать его своими руками. Вот что для этого потребуется:

Пшеница — 1 кг
Кипяченая и остуженная вода — 200 мл.
Для изготовления корейцы используют хлопковую ткань и специальную деревянную рамку. У нас рамки нет, поэтому обойдемся без нее.
Картонная коробка.
Сухие травы: полынь, сосновые иголки, лопух, зверобой, сурепка или любые другие.

Пшеницу промойте и замочите в холодной воде на 10–12 часов. После этого слейте воду, накройте дуршлаг тканью и переложите туда зерно. Оставьте на несколько часов, чтобы убрать всю влагу. Перемелите пшеницу на достаточно крупные кусочки, разомните массу руками, чтобы не было комков, постепенно добавляйте 200 мл кипяченой охлажденной воды и хорошо размешивайте. После этого слепите небольшие лепешки или шарики.

Можно также сформировать один пласт. Для этого готовое тесто переложите в ткань, соберите ее длинные концы и закрутите их плотно в жгут, сверните его в несколько раз, а затем переверните получившийся сверток и утрамбуйте его ногами, переступая от центра к краям. Вам нужно получить достаточно плоский блин, чтобы в толстых частях не началось гниение. Затем переверните сверток еще раз и снова утрамбуйте его ногами уже с другой стороны. Когда уже дальше уплотнять массу не получается, аккуратно разверните ткань и вытащите нурук из нее.

В картонную коробку положите сухие стебли полыни или другие травы, а на них брусок нурука, шарики или лепешки, смотря что у вас получилось, так чтобы они друг друга не касались, сверху снова стебли полыни или других трав, и запечатайте коробку клейкой лентой.

Держите запечатанную коробку при температуре 30–35 °С. Накройте ее теплым одеялом, а нурук каждые два дня переворачивайте. Через семь дней на нуруке должны вырасти микроорганизмы зеленого, желтого, белого или красного цвета. Жесткой щеткой смахните их, верните в коробку еще на семь дней. После этого достаньте, еще раз смахните щеткой плесень, поместите нурук в холщовые мешочки и повесьте в хорошо проветриваемое помещение без прямых солнечных лучей. Держите их в таком виде от двух до шести месяцев, после этого можете размалывать и использовать.

Другой вид ферментов для приготовления алкоголя — это *ипкук,* спорообразующий плесневый гриб, известный под названием кодзи. Органические кислоты, которые вырабатывают плесневые грибки, сдерживают рост различных бактерий, и служат основой стабильного брожения. В *ипкуке* содержится в основном аспергилл, а также аспергиллюс — род высших аэробных плесневых грибов, включающих в себя несколько сотен видов. В зависимости от бактериальной флоры они могут белого цвета — aspergillosis luchuensis, желтого — aspergillus oryzae, черного — aspergillus niger, красного — monascus ruber. Все эти грибы обладают сильными способностями осахаривать и расщеплять белок, и их используют при производстве *макколли*, *якчу*, *чхончжу*, дистиллированных напитков, уксуса, соевых паст и соевого соуса, прохладительных напитков. При изготовлении *макколли* и *якчу* используют *белый ипкук*, при изготовлении японского саке — желтый, при изготовлении китайского *хуанцзю* — красный monascus ruber.

Используемый для *макколли* грибок белого цвета Aspergillus luchuensis — родственник Aspergillus oryzae, который перерабатывает крахмалы и белки, выделяя лимонную кислоту, как побочный продукт. В Азии этот гриб традиционно используется для приготовления браги, основы крепких спиртных напитков, например корейского *сочжу* и японского *авамори*, так как при дистилляции спирта лимонная кислота остается в перегонном кубе.

Аспергилл рисовый (Aspergillus oryzae) — пожалуй, самый важный микроорганизм, используемый в Азии. В результате многовековой селекции он приобрел способность невероятно быстро расти в теплой и влажной среде при доступе к продуктам с высоким содержанием крахмалов, например к вареному рису или ячменю (в целом идеальные условия для аспергилла — это 30 °C и влажность 70–80 %; температура выше 42 °C для него губительна). Кодзи вырабатывает ферменты протеазу, амилазу и в небольшом количестве — липазу, которые расщепляют, соответственно, белки, крахмалы и жиры.

Многоклеточные грибы-гифомицеты, такие как аспергилл растут, поглощая питательные вещества с помощью нитевидных гифов, образующих «паутину», называемую мицелием и напоминающую корневую систему растения. Через мицелий грибы выделяют ферменты, расщепляющие пищу вблизи них, а затем всасывают питательные вещества из окружающей среды.

Если у вас нет возможности купить или приготовить нурук, можно использовать ячменный или пшеничный солод в пропорциях, которые указаны для нурука. Вкус готового напитка значительно не поменяется. Для получения более стабильного результата и ускорения процесса ферментации возможно добавление в затор вместе с солодом дрожжей *ипкук* (дрожжи кодзи) в количестве 10–15 % от количества солода. Использование солода и дрожжей кодзи, которые можно купить в любом магазине, специализирующемся на домашних напитках, значительно удешевляет процесс приготовления корейского алкоголя.

Традиционно закваску нурук изготавливали в период самых жарких дней в июле, когда температура и влажность воздуха были высокими, но с созданием дрожжевых заводов в японский колониальный период с 1920 года дрожжи стали производить круглый год.

В настоящее время в Республике Корея существуют три производственные площадки, которые продолжают линию традиционных дрожжей нурук и ипкук: «Сонхак кокча» в Кванджу, «Санчжу кокча» в провинции Северная Кёнсан и «Чинчжу кокча» в провинции Южная Кёнсан.

Необходимые приспособления и инструменты

Корейское вино традиционно готовили в горшках ханари, сейчас в емкостях из нержавейки, пластика, стекла, дерева. Большого значения материал, из которого изготовлена емкость для брожения, не имеет. Главное, чтобы он не окислялся и предназначался для пищевого производства.

Брагу для брожения нужно заполнять на 2/3 емкости, в противном случае возможно появление различных нежелательных бактерий. Удобно использовать пароварку или рисоварку для приготовления риса кодупап. Ну и, конечно, в арсенале необходимо иметь воронку, сито, ткань для фильтрации, лопатки пластиковые или деревянные, термометр, мерную кружку, спиртометры для браги и для крепкого дистиллята.

Все емкости и инвентарь перед употреблением необходимо стерилизовать специальными средствами, спиртом, паром или посредством кипячения. При изготовлении алкогольных напитков успех, вкус и аромат зависит от сырья и соблюдаемых условий ферментации.

Один из основополагающих видов закладываемого сырья в брагу в Корее — это так называемый *кодупап*. Варить его не так сложно. По сути кодупап — приготовленный на пару рис так, чтобы все зернышки были не ломаные и не раздавленные. Спрашивается: зачем нужен именно кодупап при изготовлении напитков? Чтобы получить в итоге вкусный продукт.

Из риса нам нужен только крахмал, все остальное — белки, жиры, калий, кальций только вредят вкусу и аромату алкогольного напитка. Для того чтобы получить нужный нам крахмал, и готовится кодупап. Когда мы добавляем распаренный рис, осахаривание крахмала происходит быстро и стабильно. В правильно сваренном кодупап существуют микротрещины, благодаря им структура крахмала разрушается, что позволяет проникать закваске нурук внутрь, расщеплять крахмал и осахаривать его, в результате чего получается алкоголь. А ненужные нам белок, жиры и прочее остаются после процеживания в барде.

Еще одним характерным приемом в изготовлении алкогольных напитков в Корее является смешивание кипятка с приготовленным на пару рисом. При этом зерно еще больше распаривается, структура крахмала разрушается, микрочастицы лучше расщепляют его, и осахаривание происходит быстрее.

Важное значение имеет смешивание кодупапа и нурука. Хотя зерно уже полуразрушено, тем не менее необходимо очень тщательно смешивать его с нуруком. Делая это, мы заставляем наибольшее количество дрожжей проникать в рис и быстро расщеплять крахмал.

При изготовлении *макколли* по методу *таньянчжу*, т. е. разовой закладки сырья, можно слегка повредить структуру риса, что не скажется на качестве напитка. Однако в случае с *чхончжу* сохранить целостность зерна просто необходимо.

Дрожжи хорошо работают при комфортной для них температуре 25 °С. Поэтому температура браги не должна превышать 28 °С, в противном случае дрожжи замедляют свою работу, и качественного напитка мы не получим.

Как готовить кодупап? Возьмите клейкий или обычный рис, мешая его плавными движениями по часовой стрелке, хорошо промойте и слейте грязную воду. Совершайте до 50 круговых движений, потом сливайте воду, наполняйте снова, и так 4–5 раз, пока вода не станет прозрачной. Клейкий рис менее твердый, чем обычный, поэтому будьте аккуратны, не поломайте зерна, иначе весь крахмал вымоется. Желательно промывать рис не дольше десяти минут. После этого оставьте его на три часа в воде для замачивания. Затем откиньте рис на дуршлаг или сито, и дайте всей влаге стечь в течение 30 минут. Замачивание необходимо для того, чтобы в процессе нагревания при варке вода, проникшая внутрь зерна, превращалась в пар, заставляла зерно набухать и разрушала его структуру, что в последствии дает возможность дрожжам легко проникать внутрь и расщеплять крахмал.

Слить всю воду перед приготовлением необходимо, чтобы рис не получился переваренным.

В пароварку налейте воду до половины и дайте закипеть. Постелите хлопковую ткань на внутреннюю часть пароварки, предназначенную для приготовления продуктов и высыпьте туда рис. Оберните рис концами хлопковой ткани и закройте крышкой. Обычно минут через 15 из-под крышки начинает вырываться пар, и появляется запах вареного риса. С этого момента клейкий рис необходимо варить еще 40 минут, обычный рис — 1 час. После этого выключите огонь и держите пароварку с закрытой крышкой еще 10 минут. Откройте крышку и проверьте, полностью сварился ли рис на поверхности и внутри. Если вы обнаружили, что рис недоварен, добавьте холодной воды в пароварку и доварите его. Недоваренный рис не любят ни люди, ни бактерии. При использовании такого риса содержание спирта в отбродившей браге будет не больше 10–14°, потому что бактерии не смогут проникнуть внутрь риса и дрожжи не смогут как следует осахарить зерно.

Будьте особенно внимательны, когда варите много риса: в середине он может быть недоваренным. Если вы обнаружили это, откройте крышку пароварки, переверните рис, завернутый в ткань, поменяв верх и низ, вылейте 1 литр холодной воды на рис и держите на огне еще 10 минут. Вода и горячий пар встретятся, пар проникнет в середину, и рис доварится. Когда рис будет готов, необходимо остудить его. Лучше всего разложить его на бамбуковом коврике, застеленном хлопчатобумажной тканью, и мешать с интервалом 10 мин. Делайте это, пока ваша ладонь не почувствует, что рис остыл.

В случае с *макколли*, изготовляемым по методу *танъянчжу*, горячий кодупап смешивают с кипятком, и лишь затем остужают.

Структура обычного риса более твердая, чем клейкого, поэтому его нужно варить 1 час. Нужно иметь в виду, что при использовании обычного риса напиток получается более сухой, чем при использовании клейкого риса.

Можно ли делать вино из обычного отварного риса пап? Конечно, возможно. Но белки и жиры, смешиваясь с готовым напитком, портят аромат и вкус. Белок, благодаря ферменту протеазе, превращается в аминокислоту, и вино приобретает запах и вкус, сходный с соевым соусом.

Можно ли готовить вино из дробленого риса? Можно, но напиток будет совсем невкусный. При приготовлении корейского традиционного алкогольного напитка крахмал, содержащийся в рисе, расщепляется и осахаривается, и благодаря дрожжам получается спирт. При использовании дробленого риса весь крахмал уходит в воду, и расщеплять и осахаривать попросту нечего. Именно поэтому важно брать хороший качественный рис, отшлифованный в меру, чтобы при промывке зерна не поломались. Если вы хотите, чтобы крахмал осахарился за короткое время и дал большое количество спирта, нужно брать зерновое сырье с хорошо разлагаемым крахмалом.

Имейте в виду, что самые вкусные напитки получаются из риса нового урожая. По крайней мере, зерну не должно быть больше года.

С древних пор корейцы говорили, что там, где источники с хорошей водой, там и алкогольные напитки хорошие. В *макколли* и *чхончжу* (*якчу*) воды 80–90 %, в *сочжу*-дистилляте — 50–80 %, поэтому от хорошей воды во многом зависит вкус напитка. Воду необходимо брать родниковую, из источников или артезианскую. Подходит также кипяченая вода, но вкус готового напитка все же уступает тому, что приготовлен с живой водой.

Иногда все усилия приложены напрасно, и напиток не получился. В первую очередь причиной этого может быть непростерилизованная емкость для брожения. Чистые руки — это также залог хорошего напитка. Вы взялись грязными руками за инвентарь для приготовления браги — и нежелательные микробы попали внутрь.

Часто совершаемая ошибка — это слишком большая емкость для браги. Она должна заполнять бак не меньше чем на 1/3 от общего объема.

При использовании старого нурука или солода также напиток может не получиться. Им должно быть не больше года, поскольку они теряют свои свойства. При закладке браги необходимо, чтобы дрожжи начали работать как можно быстрее, бактерии начали активно размножаться и крепость превысила 10°. Если этого быстро не происходит, процесс ферментации может замедлиться, и напиток испортится.

Еще одной причиной неудачи может стать крупный, плохо размолотый нурук или солод. Зерно не смешивается как следует с нуруком, и ферменты не могут начать свою работу. То же самое происходит, если нурук или солод плохо размешан с рисовым или другим зерновым сырьем.

Иногда напиток не получается, если в затор вовремя не добавлен последующий (дополнительный) ингредиент браги *тоссуль*. Дрожжам нечего есть, и они умирают, не дождавшись подкормки.

Несоблюдение температурного режима также приводит к фиаско. Температура брожения, идеальная для бактерий, — 25 °C. Поэтому надо следить за окружающей температурой. Так, при 30 °C в помещении, где стоит брага, внутри нее температура поднимется до 33–35 °C и бактерии погибнут. Чтобы избежать перепада температур на поверхности и на дне емкости для брожения, лучше подкладывать под нее деревянный настил.

Отверстие горшка или емкости лучше закрывать тканью, чтобы туда не попадали мошки и другая живность. До начала брожения температура внутри браги может подниматься, но она не должна превышать 28 °C, иначе дрожжи погибнут, в этом случае лучше открыть емкость для брожения, чтобы стабилизировать температуру.

Следует мешать брагу с интервалом в пять дней, чтобы брожение происходило равномерно. В браге мало бактерий, и их сила снижается, а размешивая, мы сохраняем баланс в брожении. Если этого не делать, крахмал не осахарится, и брага попросту скиснет.

В случае с рисовыми лепешками *пэксольги* инкубационный период микроорганизмов длинный, им трудно расщеплять крахмал, и поскольку велика вероятность заражения напитка нежелательными бактериями, то, как только появляется в браге сладость, необходимо ее процеживать.

При приготовлении рисового вина следует соблюдать пропорции соотношения воды, риса и нурука.

При изготовлении *иянчжу*:

Затор:
Рис 3 части
Вода 6 частей
Нурук 1 часть
Брага:
Рис 3 части
Вода 0
Нурук 0
Итого:
Рис 6 частей
Вода 6 частей

Затор делается обычно в соотношении 2:6 риса к воде, брага — в соотношении 4:0.

Таким образом, чтобы получился сладкий напиток, соотношение воды и риса должно быть одинаковым.

Приготовление *самъянчжу:*

Затор 1:
Рис 1 часть
Вода 3 части
Нурук 1 часть
Затор 2:
Рис 2 части
Вода 8 частей
Нурук 0
Брага:
Рис 8 частей
Вода 0
Нурук 0

Всего:
Рис 11 частей
Вода 11 частей

При изменении соотношения содержания риса и воды вкус готового напитка меняется. Базовое соотношение — 1:1.

Если вы берете риса 1 часть, а воды — 0,8, получается сладкий напиток.

При соотношении 1 части риса и 1,2 части воды вкус получается с горчинкой, и крепость алкоголя высокая.

У каждого человека свои вкусовые пристрастия. Кто-то предпочитает сладкие напитки, кому-то нравится алкоголь посуше с выраженной горчинкой.

Для гарантированно стабильного процесса брожения для начала рекомендуем сначала готовить напитки с соотношением риса и воды 1:1, а когда ферментация закончится, уже добавлять при необходимости воду, чтобы получить искомый вкус.

Корейцы традиционно не используют гидрозатворы. По крайней мере ни в одном древнем рецепте такое приспособление не упоминается. Однако мы рекомендуем использовать гидрозатвор при ферментации: тем самым вы обезопасите себя от риска порчи браги. Тем более что в современном мире корейцы также используют гидрозатворы.

Имейте в виду, что *макколли* — это живой организм. Ферментация продолжается уже даже после того, как вы отфильтровали напиток. Поэтому срок жизни его при хранении в холодильнике составляет от трех до четырех недель.

Чхончжу, несмотря на то что градус его выше, также необходимо хранить в холодильнике. При герметично закрытой крышке это рисовое вино может храниться очень долго. Причем при выдержке более года вкус *чхончжу* становится насыщеннее, в нем появляются фруктовые нотки, каких до этого не было.

Глава 13
Приготовление макколли

Как мы уже упоминали, видов *макколли* огромное множество. Остановимся на нескольких классических и традиционных рецептах, которые до сих пор пользуются популярностью.

Традиционный способ изготовления *макколли*

Основные ингредиенты для производства *макколли* — это рис, нурук и вода. В домашних условиях обычно варили рис *кодупап* в пароварке «сиру», а затем после полного остывания смешивали с нуруком, добавляли воду и ставили бродить.

Ингредиенты:
Рис — 4 кг
Нурук — 800 г (можно заменить на 700 г пшеничного солода и 40 г дрожжей кодзи)
Вода 4–6 л (в зависимости от того, какой напиток вы хотите получить: сладкий или сухой)

Нурук смешать с 4–6 л воды. Дать активизироваться бактериям 7–14 часов.

Приготовьте кодупап (метод приготовления приведен в главе 12). Остудите его до 25–27 °С. Смешайте с замоченным нуруком и добавьте воду. Закройте тканью и крышкой, мешайте каждый день. Когда брожение закончится, отфильтруйте, разведите родниковой водой до крепости 6–8°, разлейте в бутылки с герметично закрывающимися крышками и поставьте в холодильник дозревать на двое суток. После этого можете употреблять напиток.

Если по каким-то причинам *макколли* получился кисловатый, сварите из декстрозы или фруктозы сироп, используя 1,5 ст. л. на литр, и добавьте в готовый напиток перед тем, как разливать в бутылки.

Танъянчжу

Самым простым в изготовлении и распространенным способом изготовления *макколли* является *танъянчжу. Танъянчжу* — это *макколли*, при приготовлении которого все ингредиенты закладываются в брагу одновременно. Летом, когда жарко, и нет необходимости стимулировать рост бактерий, получается очень хороший напиток. Способ приготовления *макколли* с одновременной закладкой всех ингредиентов очень простой и очень быстрый. Поэтому еще его называют *соксончжу* — «быстрое вино», *кемончжу* — «вино рассвета», потому что вечером вино поставил, а утром, с пением петухов, его уже можно пить, *пёраксуль* — («пёрак» в переводе «удар молнии»), поскольку готовится быстро, как удар молнии, *ирильсуль (однодневка),* потому что за день вызревает, а если за три дня, то *самильсуль*, за семь дней — *чхирильсуль*, за десять — *сибильсуль.*

Танъянчжу готовится быстро, поскольку затор не делают, а мешают рис кодупап с измельченным нуруком и водой. Чаще сначала перемешивают солод с рисом, а иногда замачивают солод в воде, давая бактериям активизироваться, а уж затем добавляют его к рису.

Основные этапы приготовления танъянчжу следующие:

1. Подготовка *сугока* — хорошо промолотого и замоченного в воде нурука.
2. Приготовление кодупапа.
3. Смешивание горячего кодупапа с кипяченой водой
4. Смешивание остывшего перемешанного с водой кодупапа с *сугок.*
5. Перемещение хорошо перемешанной массы в бродильную емкость для брожение при температуре 25 °C.
6. Размешивание браги раз в день.

7. Процеживание и фильтрация, после того как светлая часть поднимется над осадком — бардой.

Нурук необходимо замачивать, чтобы стимулировать быстрый рост бактерий и ферментов. И чем мельче будет раздроблен нурук, тем эффективнее будет брожение. С другой стороны, долгое замачивание может привести к появлению большого количества лактобактерий, от которых напиток может быстро скиснуть. Оптимальное время нахождения нурука в воде — два-три часа.

Состав:
Рис клейкий — 4 кг
Вода — 5 л
Нурук — 800 г (можно заменить на 700 г пшеничного солода и 40 г дрожжей кодзи)

Приготовьте кодупап, как указано в главе 12. Вскипятите 4 л воды и смешайте ее с горячим рисом. Одновременно замочите хорошо размолотый нурук в 1 л чуть теплой воды на три часа. Дайте рису остыть до 25 °C, и только после этого смешайте с замоченным нуруком. Переложите массу в емкость для брожения, накройте хлопчатобумажной тканью и закройте крышкой. Температура в помещении не должна быть выше 28 °C, иначе микроорганизмы могут погибнуть. На следующий день проверьте, как идет процесс. Если брага начала пузыриться, перемешайте ее и закройте гидрозатвором. Мешайте брагу один раз в день. Напиток готов, когда на поверхности образуется прозрачный слой. Это обычно наступает на седьмой-восьмой день, хотя уже на четвертый-пятый день *макколли* можно употреблять. Процедите брагу через ткань, тщательно выжимая влагу из зерна. Крепость полученного напитка, как правило, составляет 12–15°. Разбавьте, если хотите, напиток до традиционных 7–8° и разлейте в бутылки. *Макколли* готов.

Можно при желании карбонизировать напиток и дать ему дозреть в герметично закрывающихся бутылках. Для этого сварите сироп из декстрозы и воды в соотношении 1:2 из расчета 1,5 ст. л. декстрозы на литр напитка, добавьте в *макколли* и дайте постоять сутки в герметично закрытых бутылках в холодильнике.

Поычжу

В самой древней кулинарной книге, написанной корейской азбукой хангыль, «Ымсик тимибан», приводится рецепт приготовляемого по технологии *макколли* напитка *поычжу*. Он отличается от других видов тхакчу тем, что, когда брага полностью вызрела, на поверхности светлой жидкости всплывают отдельные набухшие зернышки, напоминающие муравьиные яйца. Поскольку, когда зерна риса всплывают, они издают хлюпающий звук типа «тондон», этот напиток еще называют *тондончжу*. В 1983 году Комитет по культурному наследию внес напиток в список нематериального культурного наследия провинции Кёнги. *Поычжу* и *макколли* имеют одинаковые метод приготовления и ингредиенты, но отличаются разным соотношением дрожжей, зерна и воды.

Ингредиенты:
Клейкий рис — 4 кг
Вода — 3 л
Сугок — 2 л (нурук — 1 кг, вода — 1 л)
(Нурук можно заменить на 800 г пшеничного солода
и 60 г дрожжей кодзи)

Замочите нурук в кипяченой остуженной воде, дайте постоять три-четыре часа и после этого процедите через сито. Приготовьте кодупап, дайте ему остыть, затем залейте тремя литрами кипяченой воды, не остужая ее. Перемешайте с рисом и дайте массе охладиться до 25 °C. Добавьте *сугок* и хорошо перемешайте, чтобы ферменты лучше проникли в рис и процесс ферментации шел активнее. Корейские мастера алкогольных напитков рекомендуют мешать *сугок* с рисом не менее 30 минут, но практика показывает, что 8–10 минут вполне достаточно. Переложите массу в емкость для брожения. Каждые пять дней перемешивайте брагу. Через семь-восемь дней основной этап ферментации закончится, и начнется процесс выдержки и постферментации. Примерно это занимает 15 дней. Когда на поверхности появится прозрачная жидкость и небольшое количество зернышек риса начнет всплывать, их вычерпывают, процеживают оставшуюся брагу, добавляют выловленные ранее зернышки риса и начинают употреблять.

Содам *макколли*

Название можно перевести как «деликатесный *макколли*». Если вначале приготовить затор (материнскую брагу), то можно в результате получить очень вкусный *макколли*. В заторе содержится большое количество бактерий. В сравнении с *тондончжу* напиток менее сладкий и очень свежий на вкус.

Ингредиенты:
Затор:
Рис — 800 г
Вода — 2,5 л
Нурук — 400 г (можно заменить 300 г пшеничного солода и 40 г дрожжей кодзи)

Рис промойте в течение 10 минут и оставьте замачиваться на три часа, после чего откиньте на сито и дайте всей влаге стечь в течение 30 минут, а затем размелите в блендере до состояния муки. Нурук также размелите в порошок и замочите в кипяченой остуженной воде на три часа. Вскипятите воду, вливайте ее по 1/3 от общего количества в рисовую муку и мешайте тесто деревянной лопаткой. Мешайте тщательно, чтобы не было комков. Остудите до температуры 25 °С. В остывшее тесто добавьте 400 г размолотого и замоченного нурука и тщательно перемешайте руками. Мешайте не менее 30 минут, пока нурук и рис не превратятся в единое целое, до состояния густой каши. Отправьте готовый затор в емкость для брожения и поддерживайте внешнюю температуру на уровне 25 °С, которая является комфортной для микроорганизмов. Оставьте на 24 часа. После этого необходимо добавить вторую составляющую, которую корейцы называют *тоссуль*, чтобы получить брагу.

Брага:
Ингредиенты:
Клейкий рис — 4 кг
Затор — 3 л
Вода — 3 л

Приготовьте кодупап, как указано в главе 12. Переложите его в миску, вскипятите три литра воды и, не остужая ее, смешайте с горячим рисом. Подложите под миску ткань и закройте ею миску сверху. Дайте остыть до 25 °C. В остывший кодупап влейте три литра затора, который вы приготовили накануне, и тщательно мешайте не менее получаса. Поместите в хорошо стерилизованную емкость для брожения, перемешивайте каждые пять дней. Когда на поверхности появится прозрачная жидкость, напиток нужно процедить и можно употреблять.

Пэксоль *макколли*

Приведенные до этого рецепты *макколли* были из клейкого риса, этот же вид готовится из обычного круглозерного риса. Сначала из рисовой муки лепят *пэксольги* — рисовые лепешки, а уже потом из них делается брага. Из обычного риса *макколли* получается менее сладким и более сухим.

Ингредиенты:
Рис — 4 кг
Кипяченая вода — 5 л
Нурук — 1 кг (можно заменить 800 г пшеничного солода и 40 г дрожжей кодзи)

Изготовление *пэксольги*:

Хорошо промойте рис, замочите его на 3 часа, затем откиньте на сито на 30 минут. Размелите блендером и просейте через сито. Полученную рисовую муку уложите на ткань в пароварку и после того, как вода закипит, держите 20 минут при закрытой крышке. Воткните палочку в готовую рисовую массу, если на ней не осталось белого следа от муки, то она готова. В заведениях, где готовят рисовые хлебцы *ток*, к муке добавляют воду, но в этом случае структура крахмала становится очень клейкой и в дальнейшем рисовое тесто тяжело размешать. Когда масса остынет, руками отрывайте от нее столько, сколько помещается в ладонь, и формируйте плоские лепешки. Положите готовые *пэксольги* в миску и смешайте с пятью литрами горячей кипяченой воды. Дайте остыть до такой степени, чтобы вы смогли спокойно опустить руку в смесь воды и риса. В процессе варки на пару *пэксольги* превращаются в слипшиеся комки, поэтому для стабильного брожения необходимо очень хорошо размешать их. Используйте для удобства погружной блендер.

Если проигнорировать этот этап, можно получить скисшее рисовое вино. В остывшие размешанные с водой рисовые лепешки *пэксольги* добавьте хорошо размолотый нурук и мешайте не менее 30 минут. Далее положите полученную массу в емкость для брожения и ферментируйте при температуре 25 °С. Мешайте с интервалом в два дня, а когда на поверхность поднимется светлая жидкость, процедите и можете употреблять. Обычно готовность *пэксоль макколли* наступает через две недели.

Самиль *макколли*

В категории корейских алкогольных напитков есть целый ряд с ускоренным брожением. К ним относятся однодневное *макколли ирильчжу*, трехдневное *самильчжу*, моментальное *сигыпчжу*, семидневное *чхирильчжу*, десятидневное *сибильчжу* и много других. Одно из самых распространенных — это *самильчжу*, которое готовится за три дня. Большинство быстро приготовляемого рисового вина относится к категории тхакчу, а *самильчжу* уже скорее к категории *чхончжу*.

Самильчжу упоминается во многих древних трудах, в том числе «Ымсик тимибан», «Саллим кёнчже» и других. В каждом источнике способы приготовления разные, мы же взяли за основу рецепт, приведенный в «Саллим кёнчже».

Ингредиенты:
Клейкий рис — 4 кг
Вода — 3 л
Нурук — 600 г (можно заменить 400 г пшеничного солода и 40 г дрожжей кодзи)
Хорошее готовое рисовое вино — *иянчжу* или *самъянчжу* 2 л

Приготовьте из риса кодупап и хорошенько размелите нурук, замочите его на три часа. Готовое рисовое вино крепостью 16–18° добавляют, чтобы активизировать процессы брожения и увеличить крепость готового напитка. В готовый кодупап залейте тремя литрами неохлажденной кипяченой воды и перемешайте, охладите до 25 °C. В остывший рис добавьте нурук, готовое вино и тщательно обеими руками перемешайте их. Через 3 дня *макколли* готов, но, если оставить еще на 10–12 дней и мешать с интервалом в 5 дней, в итоге получится прозрачный напиток, который поднимется на поверхность.

Чхонгамчжу

Немного измененный рецепт рисового вина *пуычжу* называется *чхонгамчжу*. Вкус у него очень свежий, при изготовлении используется уже готовое вино, делается по принципу *танъянчжу* с единовременной закладкой ингредиентов, но в зависимости от того, какое вино добавляется в брагу — *иянчжу* или *самъянчжу*, вкус готового напитка получается разный.

Ингредиенты:
Клейкий рис — 4 кг
Вода — 3 л
Готовое рисовое вино — 2 л (*иянчжу* или *самъянчжу*)
Нурук — 800 г (можно заменить 600 г пшеничного солода и 40 г дрожжей кодзи)

Приготовьте кодупап, как указано в главе 12. Замочите нурук в двух литрах готового рисового вина. В смеси нурука и рисового вина крепостью 17–18° количество алкоголя очень высокое. Содержащиеся в нуруке дрожжи из-за высокого градуса алкоголя не могут выполнять свои функции в полном объеме. Они теряют свои способности расщеплять крахмал на сахара, и поэтому этот напиток получается сладким, а вырабатываемый дрожжами при обычном брожении спирт заменяется готовым вином.

Готовый кодупап выложите в миску, вскипятите три литра воды и, не остужая ее, смешайте с рисом. Оберните миску тканью и остужайте рис до 25 °C. Смешайте рис с замоченным в вине нуруком. Мешайте как можно тщательнее. Выложите полученную массу в емкость для брожения. Обязательно перемешивайте с интервалом в пять дней. Когда на поверхности появится светлая жидкость, напиток готов.

Последнее время стало модным подкрашивать *макколли* натуральными красителями, такими как *сафлор красильный (американский шафран)*, свекольный сок, *котовник*, различными измельченными лекарственными растениями и многими другими ингредиентами.

Семена *сафлора красильного* засушивают, затем измельчают в порошок и добавляют 10 г на 1 л *макколли*, получая цвет от желтого до розового. Сока свеклы достаточно 10 мл на 1 л, причем в этом случае получается красивый фиолетовый цвет. При добавлении 10 г измельченного *котовника* сухой заморозки у *макколли* появляется коричневый цвет и характерный аромат. Смесь *макколли* с порошком сублимированной *гардении* дает темно-красный цвет и аромат. Красивый красный цвет также можно получить, добавив несколько граммов *кошенили* на литр *макколли*.

Глава 14
Приготовление чхончжу (якчу)

Чхончжу или *якчу* готовится по такой же технологии, что и *макколли*, затем фильтруется до прозрачного состояния, и получается светлое рисовое вино. Самое главное отличие *чхончжу* от *якчу* в том, что для первого используются дрожжи ипкук (кодзи) из риса, а во втором — традиционный нурук из пшеницы.

По налоговому кодексу *чхончжу* готовится из риса, воды и рисовых дрожжей *ипкук*, хотя традиционный *чхончжу* может быть сделан и с пшеничным нуруком. Особенность *чхончжу* — это долгая ферментация и тонкая фильтрация. В наших условиях можете смело использовать пшеничный солод и дрожжи кодзи, о чем мы уже упоминали, когда приводили рецепты *макколли*, поскольку особенной разницы вы не почувствуете.

Из самых представительных видов *чхончжу* можно назвать *пэкильчжу, самхэчжу, самочжу, чинъянчжу.*

Пэкильчу выдерживается 100 дней, отсюда и название: стодневное вино. Чем дольше стоит напиток, тем более глубокий и насыщенный вкус получается в результате. В производстве алкоголя, при котором содержащиеся в нуруке микроорганизмы и ферменты расщепляют крахмалы, существует предел. Особенно это заметно в холодное время года, когда активность микроорганизмов падает. Поэтому предки корейцев изобрели способ, когда закладку сырья производят в два-три этапа, тем самым давая небольшому количеству микробов увеличиться в сотни и тысячи раз, что дает стабильный результат. При производстве *таньянчжу* количество микроорганизмов в нуруке небольшое, поэтому получить насыщенный вкус и высокую крепость напитка не представляется возможным. При приготовлении *самъянчжу*, наоборот, процесс брожения повторяют несколько раз, что активизирует рост бактерий, поэтому есть возможность получить крепкий напиток с глубоким насыщенным вкусом. Причем поскольку нурука используется небольшое количество, в напитке не ощущается привкус и запах дрожжей.

Самъянчжу готовится в три этапа. Вначале делают затор *митсуль*, который еще называют материнской брагой. При производстве *макколли* затор практически не используют, а готовят напиток непосредственно из риса, но начиная с *иянчжу* обязательно используют затор, а затем уже добавляют второй дополнительный ингредиент для браги *тоссуль*. В качестве затора корейцы используют жидкую кашу *чук*, лепешки из рисовой муки различной формы, рис кодупап. В зависимости от используемого сырья вкус напитка и его аромат, а также крепость отличаются, поскольку степень ферментации и скорость осахаривания крахмала разная. В качестве второго добавочного ингредиента *тоссуль*, закладываемого в затор, обычно используют кодупап, после того как он остынет. Цель добавочного ингредиента в том, чтобы увеличить количество получаемого напитка, а во-вторых увеличить градус и получить хороший аромат и высокое качество.

Не может не вызывать восхищения эта способность древних корейцев из одного только риса с помощью различных технологий получать разные по вкусу и аромату алкогольные напитки.

Самъянчжу

Главный способ приготовления прозрачного рисового вина — это способ, по которому в три этапа готовят *самъянчжу*. Первый этап приготовления *самъянчжу* — это затор, к которому впоследствии будет добавлена дополнительная брага. Затор делается для того, чтобы небольшое количество бактерий, содержащихся в нуруке, культивировать в большое. Благодаря этому можно получать ароматный продукт с высокими органолептическими показателями. Кроме того, благодаря затору процесс брожения проходит стабильно.

Если использовать способ с двойной закладкой ингредиентов, большое количество бактерий обеспечит стабильное брожение и достаточную крепость. Если применять способ с тремя и более закладками ингредиентов, то можно получить прозрачное *чхончжу* с более насыщенным вкусом и чудесным ароматом. Брага с тремя закладками предполагает, что к затору с двумя закладками добавляется рис кодупап или рисовое тесто, что приводит к бурному росту микроорганизмов.

Ингредиенты для приготовления вина *самъянчжу*:
Затор:
Рис — 800 г
Вода — 2,5 л
Нурук — 400 г

Рис мойте в течение 10 минут и оставьте его замачиваться на 3 часа, затем откиньте на сито, в течение 30 минут дайте всей влаге стечь, а потом размелите в блендере до состояния муки. Нурук размелите в порошок. Вскипятите воду. Рисовую муку разделите на три равные части, вливайте по 1/3 кипятка от общего количества, постепенно добавляя рисовую муку, и замешивайте тесто деревянной лопаткой. Мешайте тщательно, чтобы не было комков. Здесь на помощь может прийти погружной блендер. Остудите массу до температуры 25 °C. В остывшее тесто добавьте 400 г размолотого нурука и мешайте тщательно руками не менее 30 минут, пока нурук и рис не превратятся в единое целое, до состояния густой каши. Отправьте готовый затор в емкость для брожения и поддерживайте внешнюю температуру на уровне 25 °C, которая является комфортной для микроорганизмов. Оставьте на 24 часа, а затем визуально проверьте состояние затора, и, если все нормально, обязательно в течение 24–48 часов добавьте вторую закладку в брагу. Правила указывают, что вторую закладку необходимо вносить в течение 24 часов, однако на практике все совсем не так. Все зависит от состояния затора.

Микроорганизмы могут развиваться активно, а могут медленно. В случае, если затор уже очень кислый из-за большого количества азотобактерий, и в него добавить вторую закладку, получится уксус. Позднее внесение второго ингредиента может привести к появлению горечи и падению скорости ферментации.

Вторичная закладка:
Рис — 800 г
Вода — 2,5 л
Затор

В этом случае первый затор необходимо процедить от остатков нурука, чтобы в готовом напитке не было дрожжевого запаха. Повторите процедуру приготовления затора. Охлажденную запаренную рисовую муку смешайте с процеженным затором. Мешайте тщательно двумя руками, чтобы впоследствии имеющиеся в заторе ферменты хорошо расщепили крахмал. Необходимо мешать не менее 30 минут до состояния жидкой каши. Переложите полученную массу в емкость для брожения и ферментируйте при температуре 25 °С. Через 12 часов визуально проверьте состояние браги, и, если все нормально, в течение 24–36 часов внесите третью часть браги. Третьим составляющим будет кодупап. Большое количество содержащих сахар ингредиентов добавляется для того, чтобы получить большое количество спирта.

Первый и второй этап служили для культивации большого количества микроорганизмов, при внесении риса ферменты быстро начинают расщеплять крахмал на сахара, который бактерии превращают в спирт. Уже через 10 часов после добавления риса происходит осахаривание, и начинает появляться спирт.

Третий ингредиент:
Рис — 4 кг

Приготовьте кодупап, остудите его до температуры 25 °С. Смешайте его с брагой, чтобы бактерии быстрее попали внутрь зерна и процесс выработки спирта начался активнее. Будьте осторожны: старайтесь не поломать рис, поскольку это может привести к снижению качества готового продукта. Перелейте массу в емкость и дайте бродить 48 часов при температуре 25 °C. После этого визуально проверьте состояние браги, и, если все нормально, оставьте до тех пор, пока на поверхности не появится слой прозрачной жидкости. В начале ферментации после добавления риса температура браги обычно 25 °C, но затем поднимается до уровня 28–30 °C. Масса поднимается вверх, затем оседает, и слышен звук выходящего углекислого газа. Через 5–7 дней температура браги опускается, и количество углекислого газа сокращается. Если брожение происходит в прозрачной емкости, то можно увидеть, что образуется три слоя. Посредине прозрачный, небольшое количество риса всплыло на поверхность, а основная масса осталась внизу. Через 15–20 дней рис с поверхности исчезнет и сверху останется прозрачный напиток. Если любите сладкое вино, то можете процедить прозрачную жидкость и пить ее, если любите напитки посуше, то дождитесь полного окончания ферментации.

Особенность *самъянчжу* в том, что даже без регулярного перемешивания получается прекрасный напиток, но тем не менее лучше один раз в пять дней мешать брагу, чтобы предотвратить окисление и дать ей равномерно ферментироваться. После того как весь рис опустился на дно, на поверхности образовалась прозрачная жидкость, а углекислый газ перестал выходить на поверхность, пора процеживать. Существует два способа сделать это. Первый традиционный: цедилкой для процеживания алкоголя *ёнсу*, которую необходимо поставить в брагу и собрать всю прозрачную жидкость внутри нее, второй — процедить через сито. Цедилку необходимо предварительно простерилизовать в пароварке, а собранный напиток хранить в холодильнике. Процеживать также необходимо стерилизованными ситом и тканью.

Поначалу *чхончжу* будет не прозрачным, но через неделю осадок опустится, прозрачную жидкость надо будет слить, а остатки смешать с водой и сделать *макколли*. Полученный напиток рекомендуется разлить в стеклянные бутылки и поставить на месяц для дображивания. После этого *самъянчжу* станет мягче и ароматнее. Крепость *чхончжу* обычно получается 16–18°.

Многие любят напитки послаще, другие — посуше. Все зависит от соотношения риса и воды в браге. При соотношении риса и воды 1:1 получается не сладкий и не горький напиток. При 1:0,8 получается сладкий напиток, при 1:1,2 — чуть горьковатый. При большом количестве воды уровень алкоголя понижается, и может получиться уксус. Для того чтобы брожение проходило стабильно, воды нужно брать чуть меньше, чем риса. Сладкий напиток делать предпочтительнее, поскольку в этом случае риск загрязнения браги низкий, а водой при желании можно разбавить и позднее. Кроме того, аромат готового вина получается значительно богаче. *Чхончжу* можно готовить с цветами сирени, дудником, женьшенем, полынью, молодыми побегами сосны, имбирем, с листьями или цветами азалии, хризантемой, сушеной малиной, клубникой, виноградом, а также с цветами розы и ромашки. Обычно все эти ингредиенты закладывают в затор. Малину и фрукты обычно добавляют на втором этапе закладки ингредиентов.

Соктханчжу

Название этого напитка дословно переводится следующим образом: «настолько вкусно, что даже глотать жалко». О нем написано в древних книгах «Санга Ёрок» и «Ымсик тимибан», где его называют *хвангымчжу* — золотое рисовое вино. Относится оно к категории с двумя этапами закладки ингредиентов. В отличие от *самъянчжу,* в материнскую брагу сразу добавляют рис кодупап.

При его изготовлении можно одновременно получить и *чхончжу*, и *макколли.*

Ингредиенты для затора:
Клейкий рис — 800 г
Вода — 5 л
Нурук — 400 г (можно заменить 300 г пшеничного солода и 40 г дрожжей кодзи).

Прежде всего готовим кашу *чук*.

Клейкий рис хорошо промойте и замочите на 3 часа в холодной воде, затем откиньте на сито и дайте всей влаге стечь в течение 30 минут, измельчите в мельнице или блендером и просейте через сито. Хорошо измельчите нурук. Полученную рисовую муку смешайте с двумя литрами воды, а оставшиеся три литра воды вскипятите. Когда вода закипит, смешайте ее с раствором воды и муки и поставьте на огонь. Делается это для того, чтобы масса не подгорела при варке. Готовьте до тех пор, пока масса не начнет пузыриться, а затем дайте ей остыть. После этого смешайте с нуруком. Положите массу в контейнер для брожения, через 12 часов проверьте затор, а через 24 часа приготовьте кодупап и добавьте его к затору.

Для кодупапа возьмите 4 кг клейкого риса хорошо промойте, замочите на 3–4 часа, дайте воде стечь в течение 30 минут и приготовьте на пару.

Каша чук является самым удобным способом сделать затор, дрожжи начинают быстрее работать, и кодупап можно закладывать не через 48 часов, как в случае с рисовым тестом, а уже через 24 часа.

В древних книгах написано, что дополнительный ингредиент *тоссуль* зимой нужно закладывать через семь дней, весной — через пять, а летом — через три. В настоящее время его закладывают зимой через два дня, весной — через один, а летом — через 12 часов.

Чем лучше вы вымешаете затор с кодупапом, тем быстрее начнется процесс осахаривания крахмала. Переложите полученную массу в емкость для брожения и оставьте ферментироваться при окружающей температуре 25 °C. Раз в пять дней перемешивайте. По окончании брожения процедите через сито.

Хасичжу — «вино летней поры»

Название вина происходит от иероглифов «лето» и «период», то есть это «летнее вино» высшего сорта, изготовленное из клейкого риса. Помимо него и дрожжей нурук в качестве вспомогательных ингредиентов используют пшеничную муку и ячменный солод. Мука предотвращает помутнение вина летом, а солод способствует быстрейшему осахариванию крахмала, что, в свою очередь, позволяет вину нормально бродить.

Также следует отметить, что количество дрожжей в браге составляет всего 5 % по сравнению с количеством клейкого риса, а вода для варки используется только для охлаждения риса кодупап. Это связано с тем, что при таком способе приготовления, даже если использовать муку или солод для компенсации проблем, связанных с брожением в летний период, оно не всегда стабильное, и могут появляться дефекты. Кроме того, оно неизбежно возникает при использовании дрожжей с низкой потенцией, например старых.

В древних источниках рекомендуют при изготовлении вина не использовать воду, потому что крепость напитка не очень высока, и оно может легко испортиться. Поскольку вода не используется вовсе при приготовлении вина, выход его крайне мал, и оно получается сладким и густым. *Хасичжу* — это высококлассное летнее вино, единственным недостатком которого является то, что цвет его со временем меняется на более темный.

Ингредиенты:
Клейкий рис — 3 кг
Нурук — 175 г (можно заменить 120 г пшеничного солода
15 г дрожжей кодзи)
Мука пшеничная — 175 г
Ячменный солод — 175 г
Вода – 3,5 л

Клейкий рис замочите на ночь, слейте воду и приготовьте кодупап. Готовый рис залейте ледяной водой, охладите и откиньте на сито. Древние источники рекомендовали использовать для охлаждения колодезную воду. Вы можете в нее добавить лед. Замешайте рис с нуруком, мукой и солодом и поставьте бродить на семь дней. После этого процедите готовое вино. Обратите внимание на то, что вода используется только для охлаждения риса кодупап, а в брагу ее не добавляют вовсе.

Обёнчжу — вино «пять бутылок»

Вино «Пять бутылок» получило свое название из-за того, что воды для его приготовления используется пять бутылок. Для затора брали 1 маль белого риса и четыре бутылки воды, а для браги 1 маль клейкого риса и одну бутылку воды.

Ингредиенты для затора:
Рис — 3 кг
Нурук — 300 г (можно заменить 200 г пшеничного солода и 30 г дрожжей кодзи)
Мука пшеничная — 300 г
Солод ячменный — 300 г
Кипяченая вода — 4 л

Рис замочите на три часа, слейте полностью воду и размелите блендером в муку. Залейте четырьмя литрами кипятка и дайте остыть. После этого смешайте с нуруком, мукой и измельченным солодом. Таким образом необходимо приготовить затор и дать ему ферментироваться сутки при окружающей температуре 25–28 °C.

Ингредиенты для браги:
Клейкий рис — 3 кг
Вода — 1 л

Замочите рис на три часа, полностью слейте воду и размелите его блендером. Замешайте с только что вскипяченной водой. Дайте остыть и соедините с затором, дайте выбродить 12–15 дней. Процедите и используйте прозрачную часть браги.

Танхобакчу

К категории *самъянчжу* относится легкий освежающий напиток из сладкой тыквы *танхобакчу*. Технология его приготовления такова, что при добавлении ингредиентов в затор вместе с рисом кодупап кладут приготовленную на пару тыкву, что привносит в напиток аромат тыквы и дополнительную сладость.

Затор:
Клейкий рис — 800 г
Вода — 3 л
Нурук — 400 г (можно заменить 300 г пшеничного солода и 20 г дрожжей кодзи)

Добавочный ингредиент в брагу:
Клейкий рис — 1,6 кг
Тыква — 1 кг

Тыкву помойте, разрежьте на четыре части, удалите всю внутреннюю часть вместе с семенами и приготовьте в пароварке до мягкого состояния. Удалите кожуру и протрите через сито. Тыкву можно закладывать и в затор, и при повторной закладке ингредиентов в брагу. Второй случай предпочтительнее, поскольку в первом случае из-за выделяющегося углекислого газа цвет и аромат могут быть потеряны.

Рис хорошо помойте и замочите на три часа в холодной воде. Откиньте на сито на 30 минут, чтобы стекла вся влага, а после этого измельчите в блендере до состояния муки. Запарьте полученную муку кипятком и тщательно перемешайте. Когда масса остынет до 25 °C, перемешайте с измельченным и предварительно замоченным в воде на час нуруком. Через 24 часа проверьте состояние затора: если процесс брожения протекает нормально, в течение 35–48 часов заложите ингредиенты второго цикла. Для этого сварите кодупап, остудите его и смешайте с тыквой. Затем соедините полученную массу с затором и оставьте бродить на 10–14 дней, пока на поверхности не появится светлая жидкость, которую необходимо отцедить.

Хонгукчу

Это рисовое вино с использованием красного дрожжевого риса *хонгук*. Красный дрожжевой рис, который называют красным ферментированным рисом, красным рисом «кодзи» — ферментированный рис красного оттенка, окрашивающийся в результате культивирования плесени Monascus purpureus. В литературе о Японии чаще называется «красным рисом *кодзи*», в отношении Китая предпочитают термин «красный дрожжевой рис». Красный дрожжевой рис применяется в кулинарии и китайской традиционной медицине. Его использование документировано еще 800 годом н. э. во времена династии Тан. Современное использование в качестве пищевой добавки ферментированного риса началось в конце 1970-х годов после выделения учеными ловастатина из грибка Aspergillus и монаколинов из грибка Monascus, именно они используются для приготовления красного дрожжевого риса.

Употребление этого вида риса способствует нормализации деятельности желудка, кровообращения, снижает уровень холестерина, нормализует сахар в крови. Сегодня этот рис свободно можно купить на маркетплейсах.

Ингредиенты:
Затор 1:
Клейкий рис — 800 г
Вода — 2,5 л
Нурук — 400 г (можно заменить 300 г пшеничного солода и 40 г дрожжей кодзи)

Затор 2:
Клейкий рис — 800 г
Вода — 2,5 л

Этап 3 — брага:
Клейкий рис — 4 кг
Красный дрожжевой рис — 200 г

Первый и второй этапы приготовления напитка аналогичны рецепту приготовления *самъянчжу*, приведенного вначале этой главы.

Третий этап

Промытый клейкий рис и красный дрожжевой рис перемешайте. Приготовьте кодупап вместе с красным рисом. А чтобы цвет был еще насыщеннее, лучше красный рис размолоть в блендере, смешать с клейким и только после этого готовить кодупап.

Остудите кодупап до 25 °C. Мешайте затор, полученный в результате первого и второго этапа, с рисом не менее 30 минут, пока он полностью не впитает влагу.

Отправьте массу в емкость для брожения и оставьте бродить при температуре 25 °C. Через 24 часа, если ферментация идет нормально, оставьте до полного ее завершения, мешая брагу один раз в 10 дней. Когда ферментация закончится, процедите через сито и хлопчатобумажную ткань.

Момичжу — вино из ячменя и риса

До сих пор все приведенные рецепты предполагали использование исключительно риса для изготовления вина. Но ячмень был не менее популярной культурой в качестве ингредиента для его производства. Особенно это заметно в тех местностях, где риса выращивалось мало. Название вина *момичжу* состоит из иероглифов «ячмень», «рис» и «вино». Соответственно, его делают из ячменя и риса.

Ингредиенты:
Ячмень — 4 кг
Рис — 1 кг
Нурук — 700 г (можно заменить 500 г пшеничного солода и 60 г дрожжей кодзи)
Мука пшеничная — 200 г
Кипяченая вода — 5 л

Отварите ячмень в пароварке в течение 70 минут по технологии приготовления кодупапа. После того как снимете с огня, оставьте еще на 10 минут при закрытой крышке. Затем замочите приготовленный ячмень в воде на трое суток. На четвертый день откиньте его на сито, дайте всей воде стечь, расстелите на хлопковой или льняной ткани и оставьте сушиться на солнце. Когда ячмень полностью высохнет, размелите его в муку.

Рис промойте, смешайте с ячменной мукой и приготовьте кодупап. Пока он не остыл, смешайте с пятью литрами только что вскипяченной воды, остудите, смешайте с нуруком и пшеничной мукой. Поставьте бродить на семь дней. После этого процедите, и после того, как готовое вино отстоится, отцедите прозрачную его часть. Употреблять рекомендуется слегка охлажденным до температуры 12–14 °C.

Сэанчжу — имбирно-рисовое вино

Сэан — это исконно корейское слово для обозначения имбиря. Имбирь обладает огромным количеством лечебных свойств, и рисовое вино с имбирем оказывает благотворное влияние на ЖКТ, стимулирует кровообращение, способствует пищеварению, а кроме этого, обладает приятным вкусом и изумительным ароматом.

Готовим *сэанчжу*.
Затор 1:
рис — 800 г
Вода — 2,5 л
Нурук — 400 г (можно заменить 300 г пшеничного солода и 40 г дрожжей кодзи)

Рис промойте в течение 10 минут и оставьте замачиваться на 3 часа, затем откиньте на сито, в течение 30 минут дайте всей влаге стечь, а потом размелите в блендере до состояния муки. Нурук также размелите в порошок. Вскипятите воду. Рисовую муку разделите на три равные части, вливайте по 1/3 кипятка от общего количества, постепенно добавляя рисовую муку, и замешивайте тесто деревянной лопаткой. Мешайте тщательно, чтобы не было комков. Остудите до температуры 25 °C. В остывшее тесто добавьте 400 г размолотого нурука и мешайте тщательно руками не менее 30 минут, пока нурук и рис не превратятся в единое целое, до состояния густой каши.

Затор 2:
Рис — 800 г
Вода — 2,5 л

Рис тщательно промойте в течение 10 минут, оставьте на 3 часа замачиваться. Затем размелите в мельнице или блендером и просейте через сито. Вскипятите воду и замешайте ее с рисовой мукой, мешайте до отсутствия комков, а затем остудите до 25 °C. Влейте в эту массу процеженный через сито затор 1.

Третий этап – брага:
Клейкий рис — 4 кг
Имбирь — 50 г
Корица — 20 г

Приготовьте кодупап, остудите, смешайте его с затором 2. Поместите в емкость для брожения. Мешайте раз в три дня. Ферментация обычно заканчивается на 20–25-й день. Для того чтобы сохранить аромат имбиря, его закладывают в самом конце. За семь дней до готовности напитка измельчите, поместите в мешочек для бульона имбирь и корицу и положите его на дно емкости для брожения. Имбирь и корица отдадут свои ароматы и вкус, и вы получите полезный и оригинальный напиток.

Самхэчжу

Это рисовое вино, приготовленное по технологии *самъянчжу*, которое закладывали в первый десятеричный цикл в третий день первого месяца нового года по лунному календарю, день свиньи. Вино должно было настаиваться 100 дней. Причислено к нематериальному культурному наследию Сеула.

Во времена династии Чосон самхэчжу делали в первый день свиньи первого лунного месяца. По старинному рецепту *самхэчжу* был воссоздан покойным мастером корейской кухни Ким Тхэк Саном. После его кончины никаких записей по поводу рецептуры не сохранилось, но в 2021 году Ким Хён Чжон восстановил оригинальный рецепт этого напитка. Раньше он торговал запчастями для компьютеров в Китае. В какой-то момент его продажи достигли 10 млрд вон, но когда рынок ПК «умер» и ему пришлось закрыть бизнес, он стал беспокоиться о средствах к существованию. Его внимание привлек короткий мультфильм «Пьяные городские девицы» по мотивам вебтуна известного автора Ми Канга. Там упоминалось вино *самхэчжу*, и Ким Хён Чжон отправился на винокурню, чтобы научиться варить этот напиток.

Сочжу самхэчжу, который дистиллировался из вина *самхэчжу*, имел статус национального культурного достояния, но после смерти мастера рецепт его был утерян, и продажи напитка прекратились. Однако в 2023 году Ким Хён Чжон восстановил рецепт и добился внесения напитка в список нематериального культурного наследия местного значения.

Секрет *самхэчжу*, история которого насчитываст 900 лет, заключается в том, что его готовят в три приема. В первый день свиньи нового года готовят материнскую брагу или затор, а во второй и третий дни свиньи добавляют дополнительные ингредиенты в виде риса «кодупап», чтобы улучшить качество и крепость напитка. Для брожения и созревания самхэчжу в целом требуется более 100 дней, поэтому он также известен как «пэкильчжу» — стодневное вино. Из-за сложности изготовления этот напиток был уделом исключительно знати во времена династии Чосон.

Конечно, сейчас его делают не только в день свиньи, а варят и дистиллируют постоянно. *Самхэчжу сочжу* не выдерживается в больших емкостях, а разливается по бутылкам и выдерживается в них. Несмотря на отсутствие выдержки, тем не менее он обладает округлым и мягким вкусом. *Самхэчжу сочжу* не вызывает похмелья, обладает изысканным ароматом и мягким вкусом.

Ким Хён Чжон добавляет различные ингредиенты к классическому *самхэчжу*, чтобы удовлетворить разные вкусы. Среди популярных ингредиентов — виноград, цитрон, хризантема, чхонсу (зеленый виноград) и чай пуэр. Особенно популярен *сочжу* «Самхэпхо» с виноградом.

Самхэ квичжу, содержание алкоголя в котором составляет 71,2 %, а стоимость одной бутылки превышает 300 000 вон, в основном ценится энтузиастами. Говорят, что если его проглотить, то «люди становятся призраками, а призраки — людьми». Этот напиток мастер делает методом двойной дистилляции.

Попробуем и мы приготовить вино *самхэчжу*, из которого впоследствии путем дистилляции можно получить *сочжу*.

Затор 1:
Рис —1,6 кг
Вода — 2 л
Нурук — 800 г (можно заменить 600 г пшеничного солода и 40 г дрожжей кодзи)

Рис хорошо промойте, замочите на три часа, слейте всю воду и измельчите блендером в муку. Смешайте полученную муку с двумя литрами крутого кипятка, замесите рисовое тесто. Остудите и смешайте с предварительно замоченным нуруком. Поскольку воды мало, мешать достаточно трудно, поэтому нурук необходимо размельчить как можно мельче, и перемешивать несколько раз, чтобы он хорошо соединился с рисом.

Затор 2:
Рис — 3,2 кг
Мука пшеничная — 600 г

Обычно второй затор вносят в течение 48 часов, а в данном случае — только через 10 дней. Этот напиток готовят не летом, а в январе, когда холодно, бактерии работают медленно, поэтому внесение вторичного ингредиента возможно через 10 дней. А поскольку воды добавляется в брагу мало, вероятность загрязнить и испортить напиток достаточно мала. Тем не менее температура в помещении, где стоит бродильная емкость, не должна быть выше 18–20 °С, а в идеале — 14–15 °С.

Через десять дней после завершения первого цикла приготовьте затор 2. Замочите рис на три часа, слейте всю воду и размелите в блендере в муку, смешайте ее с пшеничной мукой. Понемногу добавляйте кипяток в эту смесь и заварите крутое тесто, а затем слепите круглые плоские лепешки «ток» диаметром 5 см. Воды вам нужно ровно столько, чтобы тесто заварилось. Пальцем в середине каждой лепешки сделайте отверстия. Киньте все лепешки в кипящую воду, и как только они всплывут, вытаскивайте и сушите. После этого деревянной лопаткой хорошо перемешайте их, пока они не превратятся в один комок. Смещайте его с затором 1 и поставьте бродить еще на 10 дней. Для того чтобы все хорошо перемешалось, используйте погружной блендер.

Брага
Рис — 4 кг
Охлажденная кипяченая вода — 5 л

По прошествии этого времени приготовьте кодупап из обычного риса. Смешайте пять литров кипяченой охлажденной воды с затором 2, а затем с охлажденным рисом. Переложите массу в емкость для брожения. Через 20 дней на поверхности появится прозрачная жидкость, которую надо отфильтровать и убрать в холодильник. Традиционно *самхэчжу* дают выстояться 100 дней, и только после этого употребляют. Однако и через 20–30 дней у вас получится отличное рисовое вино.

Этот напиток лучше ферментировать при более низкой температуре, чем комфортной для бактерий температуре в 25 °C. Первый и второй затор можно готовить как обычно, а уже после закладки кодупапа на 7–10-й день лучше опустить температуру до 15 °C, от этого вкус напитка будет насыщеннее и глубже. Если же вы хотите получить *самхэчжу сочжу,* перегоните полученное рисовое вино, разбавьте ключевой водой до нужного градуса, разлейте в бутылки и дайте выстояться два-три месяца.

Помимо *самхэчжу* есть еще и напиток *самоджу,* который готовят в три первых дня лошади в новом году. Поскольку лошадь — одно из зодиакальных животных, ее черед также наступает каждые десять дней. Предки корейцев верили, что употребление самхэчжу принесет богатство, удачу и плодородие, символом которых является свинья, а употребление *самочжу* — продвижение по службе и власть, поэтому в прошлом этот напиток рекомендовали тем, кто сдавал экзамен на государственную должность, и тем, кому светило повышение.

В день лунного Нового года пили также *тосочжу*, приготовленный путем варки различных лекарственных ингредиентов. Иероглифы, входящие в название *тосочжу* означают «то» — «ловить», «су» — «отгонять зло» и «чу» — вино». Этот напиток пьют, чтобы отогнать злых духов и пережить холодную зиму.

В 15-й день нового года «тэпорым» пили «вино для очищения ушей» *квипальгисуль*. Считалось, что если выпить его в полнолуние, то целый год не будешь болеть ушами и будешь слышать только хорошие новости. Во время праздника Чхусок в честь него готовят *синдочжу* из отборного риса, который использовали в том числе для поминовения предков.

Существует также вино *чхонмёнчжу*, которое пьют на «чхонмён» (4 апреля), когда начинается весенний сельскохозяйственный сезон. *Чхонмёнчжу* — это светлое вино из клейкого риса, а его прозрачный цвет и отсутствие запаха алкоголя сделали его популярным среди людей, которые не могут пить алкоголь вовсе.

Тончжончхун

Это достаточно трудный для изготовления напиток, поскольку при его приготовлении практически не используется вода, и от этого стоимость его достаточно высока.

Затор:
Рис — 800 г
Нурук — 400 г (можно заменить 300 г пшеничного солода и 35 г дрожжей кодзи)

Брага
Клейкий рис — 4 кг

Рис тщательно вымойте, замочите на 3 часа в холодной воде, дайте всей влаге стечь в течение 30 минут, а затем размелите в муку. Чем меньше воды используется, тем слаще напиток и его градус выше. И наоборот, большее количество воды снижает градус и уровень сладости, кроме того, высока вероятность заражения напитка нежелательными бактериями. Поэтому количество воды мы не указываем. В рисовую муку понемногу добавляйте кипяток и мешайте, чтобы получилось крутое тесто. После того, как оно немного остынет, сформируйте рисовые лепешки «ток» размером с ладонь, а в центре пальцем сделайте отверстие. Затем киньте их в кипящую воду, и после того, как они всплывут на поверхность, выловите и соедините их лопаткой в один комок. Когда он остынет, смешайте рисовое тесто с размолотым нуруком и положите в емкость для брожения. Через три дня приступайте ко второму этапу. Из 4 кг клейкого риса сварите кодупап и охладите его. Хорошо смешайте его с затором, верните массу в емкость для брожения и оставьте бродить при температуре 25 °С. Через сутки проверьте состояние браги и, если все нормально, оставьте ферментироваться дальше. Раз в три дня мешайте брагу. Когда процесс брожения завершится, отцедите жидкость.

Пёкхянчжу

Пёкхянчжу известен как вино Пхеньяна и окрестностей. Как следует из корейского названия, напиток имеет синий цвет и сильный аромат.

Ингредиенты:
Рис — 4 кг
Нурук — 1,3 кг (можно заменить на 1 кг пшеничного солода и 100 г дрожжей кодзи)
Мука пшеничная — 100 г
Вода кипяченая — 10 л

Рис хорошо промойте и оставьте замачиваться на ночь. После этого дайте стечь всей воде в течение 30 минут и перемелите в муку. Вскипятите воду, залейте муку, перемешайте, чтобы у вас получилась густая каша, и дайте ей остыть.

Соедините с ней размолотый нурук и пшеничную муку. Положите в емкость для брожения и дайте выбродить в течение трех дней.

Брага
Рис — 9 кг
Вода — 16 л

Промойте хорошо рис и приготовьте кодупап. Вскипятите воду, смешайте с рисом и дайте остыть до температуры 25 °С. Добавьте затор и хорошо перемешайте. Дайте выбродить в течение 21 дня, и когда на поверхности появится прозрачная жидкость, процедите и разлейте по бутылкам.

Упоминание об этом напитке и его рецепты встречаются в целом ряде древних книг, датируемых XVI–XVII веками, что говорит о том, что напиток этот появился до XVI века. Рецептуры его отличаются в разных источниках. Где-то рекомендуется использовать риса такое же количество, что и воды, в других — воды меньше, чем риса. В данном рецепте воды используется больше, и количество дрожжей относительно невелико, поэтому нужно быть крайне внимательными, чтобы получить прозрачное вино хорошего качества.

Нокпхачжу — вино «зеленая волна»

Цвет вина поражает воображение. Он имеет слегка голубоватый оттенок, почти как у огуречного экстракта, и настолько яркий и прозрачный, что, когда вы наливаете его в бокал, он напоминает волны, бьющиеся о скалы.

Затор:
Клейкий рис — 5,5 кг
Нурук размолотый — 350 г
Мука пшеничная — 350 г
Вода кипяченная — 6 л

Замочите рис на три часа, слейте всю воду и размелите рис в муку. Воду вскипятите и залейте в муку, мешайте, пока не будет комков, положите в большой таз и остудите. После этого массу перемешайте с нуруком и пшеничной мукой. Оставьте бродить в течение шести дней.

Для браги понадобится:
Клейкий рис — 7 кг
Вода — 8 л

Рис замочите на ночь и сварите кодупап, вскипятите воду и залейте готовый рис, оставьте на день, а затем перелейте в емкость для брожения, добавьте затор и оставьте бродить на 15 дней. После этого процедите и разлейте по бутылкам.

Согокчу

Согокчу из деревни Хансан, уезда Сочхон, провинции Южная Чхунчхон — местный напиток, известный со времен государства Корё. Из риса делали паровой хлеб «муриток» или запаривали рисовое тесто, мешали его с молотым нуруком, таким образом готовили затор, мешали его позднее с отваренным на пару клейким рисом, нуруком, заливали в горшок и закапывали в землю на 100 дней. В результате получалась тягучая, желтого цвета жидкость, которая, как мед, прилипала к палочкам для еды — настолько она была густой. Кроме этого, у «согокчу» было еще одно название: «парализующее вино». По преданию, любопытная невестка пошла посмотреть, как напиток бродит, обмакнула палочки в горшок, облизнула их и тут же, опьянев, упала и уже не могла подняться на ноги, а только могла ползти, как парализованная.

С *согокчу* связана еще одна история. Один ученый муж ехал в Ханьян (древнее название Сеула) сдавать экзамены на государственную должность, остановился в деревне промочить горло, выпил пару рюмок, и так ему стало весело, что он начал декламировать стихи. Мужчина гулял целый месяц, в результате опоздал на экзамен и вынужден был вернуться домой.

Затор:
Обычный рис — 5,5 кг
Нурук — 700 г (можно заменить на 500 г пшеничного солода и 60 г дрожжей кодзи)
Пшеничная мука — 700 г
Вода — 6 л

Хорошо промойте рис, а затем замочите его на три-четыре часа. Дайте стечь всей влаге и размелите рис блендером. Вскипятите воду, вливайте ее постепенно в рисовую муку, хорошо перемешивайте, чтобы не было комков, а затем переложите в емкость для брожения и дайте остыть. Замочите нурук на три часа, затем добавьте туда пшеничную муку и поместите в массу в емкость с остывшим до 25 °C рисовым тестом, хорошенько все перемешайте. Закройте крышкой с гидрозатвором и оставьте бродить семь дней, а затем приготовьте брагу.

Брага:
Клейкий рис — 8,5 кг
Нурук — 700 г (можно заменить на 500 г пшеничного солода и 40 г дрожжей кодзи)
Пшеничная мука — 700 г
Вода — 7 л

Приготовьте кодупап, дайте ему остыть. Перемешайте с нуруком, пшеничной мукой и кипяченой охлажденной водой. Добавьте бродивший семь дней затор. Поместите брагу в емкость для брожения и оставьте ферментироваться в течение 15 дней. Мешайте брагу один раз в пять дней. После этого процедите полученный напиток, дайте ему отстояться, соберите прозрачную жидкость с поверхности, перелейте ее в бутылки и поставьте в темное прохладное место на 100 дней. После этого можете приступать к дегустации.

Квахачжу

Среди методов производства рисового вина существует прием, когда на определенном этапе ферментации в брагу добавляют крепкий дистиллированный алкоголь, чтобы затормозить деятельность дрожжей. Один из таких напитков — *квахачжу*.

Ингредиенты:
Клейкий рис — 4 кг
Нурук — 600 г (можно заменить на 400 г пшеничного солода и 50 г дрожжей кодзи)
Вода — 3 л
Дистиллят 25 % — 5 л

Вскипятите три литра воды и остудите ее. 1,5 л сохраните, а в других 1,5 л замочите нурук на 6 часов. После этого процедите массу через сито, чтобы осталась жидкость без твердых частей. Приготовьте из риса кодупап. Остудите его и смешайте с водой с нуруком, а также отлитыми 1,5 л воды. Поместите в емкость для брожения и ферментируйте в течение двух дней при температуре 25 °C. После этого добавьте дистиллят и хорошо перемешайте. Когда на поверхности появится прозрачная жидкость, процедите и поставьте выстаиваться. Имейте в виду, что *квахачжу* приобретает свой вкус только после 3–6 месяцев ферментации.

В чем суть добавления крепкого алкоголя в брагу? Благодаря спирту дрожжи теряют свои свойства, и процесс брожения не может происходить активно, а с другой стороны, ферменты продолжают расщеплять крахмал на сахара, и у напитка проявляется более сладкий вкус. Ферменты — это белковые соединения, поэтому алкоголь на них не влияет, а дрожжи — это микробы, на которые алкоголь оказывает воздействие.

Крепость алкоголя благодаря дистилляту регулируется, но алкоголь не влияет на растущую сладость, поэтому может получиться очень сладкий напиток. Чтобы сладость уменьшить, необходимо сократить срок закладки дистиллята или закладывать дистиллят не в *таньянчжу*, а в *иянчжу* или *самъянчжу* после окончания их брожения.

Крепость *квахачжу* такая же, как и у ферментированных напитков — 18°, но вкус значительно насыщеннее.

Глава 15
Приготовление квасильчжу

В Корее *квасильчжу* — фруктовым вином — называют как ферментированные напитки с использованием фруктов, ягод и орехов, так и их настойки на *сочжу*. Настойки производят, смешивая фрукты, *сочжу* и сахар. *Сочжу* бесцветен и прозрачен, хорошо абсорбирует любой вкус и запах. Чем крепче алкоголь, тем быстрее из фруктов и ягод извлекаются вкус и аромат. При одинаковом количестве фруктов при использовании *сочжу* крепостью 25° требуется три месяца для вызревания настойки, с крепостью 30° — около двух месяцев, а с крепостью 35° — всего один месяц. Рекомендуется по возможности избегать использования подсластителей. Поскольку активные ингредиенты фруктов извлекаются под действием алкоголя, нет необходимости добавлять сахар, крахмал или другие вещества, способствующие брожению. В частности, не рекомендуется добавлять сахар до полного вызревания напитка, так как от этого он портится, его трудно сохранить надолго, а также он может притупить уникальный аромат фруктов и вызвать головную боль после употребления.

В качестве сырья можно использовать большинство фруктов, включая виноград, яблоки, клубнику, груши, цитрусовые, персики, айву и инжир, но способ их добавления зависит от их состава, размера и формы. Клубнику и персики следует разрезать на две — четыре части, очистить от косточек и раздавить, а цитрусовые — нарезать кольцами, но обязательно с околоплодником, так как в нем содержатся сильные ароматизирующие вещества.

Выбор сосуда также очень важен, ведь, как гласит старая поговорка, «хороший напиток вкуснее в хорошем сосуде». Сосуд может быть толстой стеклянной бутылкой, бочкой или керамической банкой, но он должен иметь плотно прилегающую крышку. Хранить фруктовую настойку в таких сосудах рекомендуется в прохладном месте с небольшими перепадами температуры в течение дня. Слишком высокая температура может привести к порче, а слишком низкая замедлит процесс созревания и приведет к ухудшению вкуса. Кроме того, если фрукты относительно твердые, их можно настаивать достаточно долго, но если они мягкие или крахмалистые, то их следует вытащить, когда они отдадут свой аромат и вкус, жидкую часть процедить через сито или ткань, поместить в другую емкость и поставить в прохладное место. После полного созревания настойка не испортится, а ее аромат будет становиться все более насыщенным с течением времени.

Этот способ производства *квасильчжу* не был характерен для Кореи. Только с появлением крепких дистиллятов начали применять такой способ изготовления алкоголя как настаивание. Кардинально от общеизвестной технологии приготовления настоек он не отличается, поэтому останавливаться на рецептах таких напитков мы не будем. А вот несколько рецептов древних ферментированных напитков с использованием ягод и фруктов мы приведем.

Покпунчачжу — вино из ежевики

Замечательный напиток получается с сушеной ежевикой по технологии *самъянчжу*. Сушеная ежевика *покпунчжа* издревле использовалась в корейской традиционной медицине. Ежевика — это не только вкусная, но еще и очень полезная ягода, в которой содержится много витаминов и минералов, благотворно влияющих на иммунитет и пищеварительную систему. Ежевику нужно есть как можно чаще и больше при любой возможности: она укрепляет иммунитет и стимулирует обмен веществ. И, к слову, от простудных заболеваний помогает ничуть не хуже малины, превосходно сбивая температуру и мобилизуя организм на борьбу с инфекцией. В ягодах ежевики много витаминов C и E, каротина, никотиновой кислоты (она особо полезна для сердечников) и других витаминов группы В. Витамины Р, РР и К тоже присутствуют, и их, опять же, больше, чем в малине. Также в ежевике есть натрий, калий, кальций, магний, фосфор, железо и другие минеральные вещества, токоферолы, пектин. Кроме того, в ней много биофлавоноидов — фенольных соединений, обладающих противовоспалительными, бактерицидными, капилляроукрепляющими и противосклеротическими свойствами. Ежевика полезна абсолютно всем, но особо налегать на нее не стоит диабетикам, людям с проблемами желудочно-кишечного тракта, тем, кто страдает кардиологическими заболеваниями, болезнями суставов. Ежевика благотворно влияет на нервную систему, помогая и влияя успокаивающе при неврозах и бессонницах. Онкобольные тоже не должны пренебрегать ежевикой: она замедляет развитие раковых опухолей и возникновение различных новообразований. Ее нужно есть обязательно при атеросклерозах или просто при умственных перегрузках — это поможет укрепить сосуды головного мозга, ускорить мыслительный процесс и улучшить память.

Ингредиенты
Затор 1:
Клейкий рис — 800 г
Вода — 2 л
Нурук — 400 г (можно заменить 300 г пшеничного солода и 40 г дрожжей кодзи)

Затор 2:
Клейкий рис — 800 г
Вода — 2 л

Брага:
Клейкий рис — 4,8 кг
Сушеная ежевика — 2 кг

Вместо сушеной можно использовать свежезамороженную ягоду. В этом случае ее необходимо вытащить из морозильной камеры накануне, чтобы она разморозилась естественным путем.

Первый и второй затор готовим по технологии *самъянчжу*. Затем приступаем к браге.

Приготовьте кодупап, разложите его на хлопковой ткани и остудите. После этого смешайте с затором, добавьте ежевику и хорошенько перемешайте. Положите в емкость для брожения и оставьте на 24 часа. Окружающую температуру поддерживайте на уровне 25 °С. Мешайте один раз в пять дней. Когда брожение закончится, процедите напиток через сито и отфильтруйте. Фруктовым напиткам необходимо давать бродить долго, чтобы они вобрали в себя цвет и аромат фруктов или ягод. Кроме того, после фильтрации и разлива по бутылкам необходимо дать настояться два-три месяца, чтобы напиток обрел глубокий вкус и аромат. При смешивании с ежевикой соблюдайте осторожность: желательно не помять ягоды, от этого качество готового напитка ухудшится. По такой же технологии можно приготовить рисовое вино с малиной.

Вино из винограда — *пходочжу*

Виноград корейский менее сладкий, чем в других странах, ферментация происходит плохо, и вкус у вина получается средненький. В связи с этим предки корейцев готовили виноградное вино с зерновыми. Так что можете при приготовлении вина использовать любой виноград, в том числе недозрелый или не набравший солнца. Вот рецепт 1540 года, взятый из книги «Суун чаппан».

«Из 3 маль (1 маль = 3,5 л) риса сварите кашу "чук", охладите, добавьте измельченного нурука 7 тве (1 тве = 350 мл) и отправьте в горшок. Затем, когда масса начнет бродить, сварите 5 маль риса, остудите, добавьте 3 тве нурука, смешайте с 1 малем измельченного винограда, соедините с затором и ферментируйте до готовности».

В этой кулинарной книге есть и другой рецепт этого вина.

«Виноград измельчите, из 5 тве клейкого риса сварите кашу *чук* и охладите. Смешайте с 5 хоп (1 хоп = 35 мл) нурука, положите в горшок и дайте бродить, пока жидкость не станет прозрачной».

С ежевикой и земляникой такая же ситуация. Поэтому готовят вино из них аналогично изложенному. При приготовлении фруктовых и ягодных напитков из ежевики, клубники, винограда и др., зерновых надо закладывать больше, чем воды. Обычно необходимое соотношение зерновых к воде 1:1, а здесь дополнительную влагу дают сами ягоды. И нужно добавлять такое количество зерна, сколько вы дополнительно положили ягод. Например, на 2 кг ежевики, которые дадут приблизительно 2 л сока, в первый и второй затор понадобится в целом 2 л риса (1,75 кг). А если хотите получить более сладкий напиток, риса нужно положить еще больше.

При закладке одновременно с рисом кодупап таких насыщенных цветом ягод как виноград, ежевика или малина, земляника, тутовник, черника, дикий виноград, аромат и цвет не потеряется, однако фрукты со слабым ароматом и ненасыщенным цветом необходимо мелко порезать и положить в брагу за неделю до процеживания.

Ингредиенты
Затор 1:
Клейкий рис — 800 г
Вода — 2 л
Нурук — 400 г (можно заменить 300 г пшеничного солода и 40 г дрожжей кодзи)

Хорошо промойте рис, замочите его на три часа, затем слейте воду и размелите в блендере. Смешайте с двумя литрами кипятка, остудите и смешайте с предварительно замоченным на три часа нуруком. Переложите в емкость для брожения, оставьте на 24–36 часов при внешней температуре 25 °C.

Приготовьте затор 2:
Клейкий рис — 800 г
Вода — 2 л

Затор 1

Приготовьте рисовую муку по той же технологии, что и при приготовлении первого затора, смешайте с 2 л кипятка, дайте остыть до 25 °C и влейте в остывшую массу процеженный через сито затор 1. Поставьте бродить на 24–48 часов.

Брага:
Клейкий рис — 4,8 кг
Виноград измельченный — 2 л

Сварите кодупап, остудите его и смешайте с затором и измельченным блендером или пропущенным через мясорубку виноградом. Оставьте ферментироваться при внешней температуре 25 °С. Один раз в три дня мешайте брагу. Когда на поверхности образуется прозрачный слой жидкости, фильтруйте и разливайте по бутылкам. После этого вину надо дать выстояться 10–15 дней.

Якпэк чачжу — вино с кедровыми орехами

Очищенные кедровые орехи — 700 г
Клейкий рис — 3 кг
Размолотый нурук — 700 г (можно заменить 500 г пшеничного солода и 60 г дрожжей кодзи)
Вода — 12 л

Орехи хорошо промойте и высушите. После этого измельчите их в ступке или блендером. Вскипятите воду, положите в нее размолотые орехи и уваривайте, пока воды не останется 3,5 л, после этого остудите. Сварите рис кодупап, дайте ему остыть. В воду с орехами положите рис, нурук и хорошо размешайте. Положите в емкость для брожения, герметично укупорьте, чтобы не было доступа кислорода и оставьте на семь дней. Процедите. Рекомендуется принимать на пустой желудок для лечебного эффекта.

Ходочжу — вино с грецкими орехами

Ингредиенты:
Рис — 3 кг
Грецкие орехи — 200 г
Нурук — 700 г (можно заменить 500 г пшеничного солода и 60 г дрожжей кодзи)
Кипяченая вода — 3,5 л

Рис хорошенько промойте и замочите на три часа. Слейте всю воду и размелите его в блендере. Вскипятите воду и смешайте ее с полученной рисовой мукой. Дайте остыть.

Орехи размелите и вместе с нуруком отправьте к смеси воды и муки. Перелейте в емкость для брожения и дайте выбродиться, пока на поверхности не образуется прозрачная жидкость. Процедите и можете употреблять.

Глава 16
Приготовление сочжу

Технология перегонки браги в *сочжу* ничем не отличается от производства нашего родного самогона, поэтому останавливаться на ней мы не будем. Стоит только упомянуть правило трех троек при перегонке. При перегонке получается 1/3 *сочжу* от объема браги, т. е. с 9 литров браги получается 3 литра *сочжу*. Крепость готового продукта в три раза выше крепости браги, т. е. из 15° браги получается 45° *сочжу*. При повторной перегонке тоже можно получить 1/3 готового напитка. Если вкус и аромат хорошие, можно продолжать гнать и дальше, но обычно это не так, и процесс надо прекратить. *Сочжу* поначалу обладает резким запахом, который с течением времени исчезает. Подержите его 12 часов в холодильнике при 5–8 °С, а затем отфильтруйте через хлопковую ткань и активированный уголь. Качество *сочжу* значительно улучшается при длительном хранении.

Сочжу используют для различных настоек. Дорогие лекарственные растения, а также плохо растворяемые, можно поместить в *сочжу*-дистиллят и употреблять в последствие как *квахачжу*. В готовое ферментированное рисовое вино можно добавить *сочжу*-дистиллят и поставить на месяц выстаиваться. От этого вкус становится насыщеннее, а напиток — крепче. При приготовлении браги для любых напитков добавление дистиллята *сочжу* делает напиток прозрачным и освежающим, а процесс ферментации проходит более стабильно.

Пэксечжу (каянчжу)

Первоначально *сочжу* считалось лечебным напитком. Такие его виды, как *пэксечжу* (100-летнее *сочжу*), были в фаворе у народа. Название, очевидно, возникло из свойственного людям желания прожить долгую жизнь, не болея, поэтому они с удовольствием употребляли алкоголь для укрепления здоровья и долголетия. В *сочжу пэксе* не содержится никаких других ингредиентов или лекарственных веществ, способных укрепить здоровье. Так как же он получил свое название? Обычно, давая название *сочжу*, принято называть его по ингредиентам или вспомогательным компонентам, используемым в напитке, а не по способу изготовления или дистилляции, но в случае с *пэксечжу* в составе не используется никаких лекарственных или вспомогательных добавок, и исходя из используемого сырья, правильнее было бы назвать его ячменным *сочжу*. Скорее всего, название могло возникнуть из-за того, что, когда *сочжу* появился в Корее, его употребляли как лекарство, а не как алкогольный напиток, в том числе из-за частых запретов на употребление алкоголя.

В записях среднего периода правления династии Чосон *Танчжон силлок* и *Чибонюсоль* говорится, что «во время траура по шестому вану династии Чосон Танчжону, его приближенные пили *сочжу*, чтобы восстановить силы». Кроме того, изначально *сочжу* пили в лечебных целях малыми дозами и не употребляли без разбора, поэтому маленькие стаканчики называются *сочжучан*. Этот напиток пили и ваны, и знать, а затем постепенно он распространился среди простых людей, которые начали изготавливать *сочжу* самыми простыми способами.

Поскольку в *сочжу* много калорий, он воспринимался как лекарство, которое бодрит организм, ускоряет метаболизм, помогает пищеварению и усвоению пищи для пожилых людей, поэтому можно предположить, что название *пэксе сочжу* было выбрано в знак того, что употребление *сочжу* приведет к долгой и здоровой жизни.

Согласно историческим записям, *пэксе сочжу* — это дистиллированный ячменный *сочжу* с затором из клейкого риса и дополнительной брагой из ячменя. Считается, что он был очень популярным напитком во времена расцвета *сочжу*. В частности, ячменный *сочжу* предпочитали богатые люди из-за его пикантного вкуса и того, что он содержал гораздо меньше алкоголя, чем другие виды *сочжу*. Еще одно название этого напитка — *каянчжу*. К ячменным вида *сочжу*, схожим с пэксе *сочжу*, относятся также *иганчжу* из Чхончжу и *хончжу* из Чиндо.

Ингредиенты
Затор:
Клейкий рис — 3 кг
Нурук — 800 г (можно заменить на 600 г пшеничного солода и 50 г дрожжей кодзи)
Вода — 10 л

Хорошо промойте рис, замочите его на три часа, слейте всю влагу и измельчите в блендере. Полученную муку положите на хлопчатобумажную ткань и отправьте в пароварку на час. Из полученного теста слепите рисовые лепешки *пэксольги* произвольной формы. Вскипятите воду и положите в нее *пэксольги*, как только они всплывут вытаскивайте их. Раскрошите остывшие лепешки руками и залейте десятью литрами крутого кипятка. Хорошо размешайте и остудите. Добавьте предварительно замоченный нурук. Поместите массу в емкость для брожения и оставьте на три дня.

Для приготовления браги замочите 5 кг ячменя в воде на два дня, затем слейте воду и подсушите. Приготовьте в пароварке в течение 70 минут и охладите. Соедините ячмень с затором и равномерно перемешайте, чтобы получилась брага. Перелейте брагу в емкость для брожения и дайте ферментироваться в течение десяти дней по общепринятому методу. Процедите перебродившую брагу через сито, чтобы отфильтровать его и перегоните с помощью самогонного аппарата. Процеживать лучше через специальный мешок для затирки и отжима, чтобы избавиться от мелкой дисперсной рисовой муки, поскольку в процессе дистилляции эта масса может опуститься на дно дистиллятора, пригореть, и весь напиток будет испорчен. Перелейте в бутылки, дайте выстояться 15–30 дней, по желанию разбавьте ключевой водой.

Андон сочжу

Самым известным в Корее традиционным дистиллированным алкогольным напитком без сомнения является известный со времен государства Корё, и названный по имени города Андон в провинции Северная Кёнсан. В кулинарных книгах, написанных на корейской азбуке хангыль в эпоху государства Чосон, таких как *Ымсик тимибан, Суун чаппан*, *Ончжупоп*, приводится много рецептов *сочжу*, в том числе *андон сочжу*. В каждой семье в этой местности существовал свой оригинальный рецепт напитка.

Однако популярность *андон сочжу* обрел только в 20-х годах XX столетия, когда его унифицировали, и был построен завод по его производству по технологиям домашних традиционных напитков. В дальнейшем этот традиционный алкогольный напиток даже стали экспортировать.

Как мы уже упоминали ранее, с 1965 года по закону об алкогольном регулировании было запрещено использовать зерновые в качестве исходного сырья для изготовления алкогольных напитков, поэтому массовое производство «андон *сочжу*» было остановлено, и лишь кое-где кустарно изготавливали этот напиток. В 1987 году технология изготовления *андон сочжу* была признана региональным «нематериальным культурным достоянием» провинции Северная Кёнсан, и с 1990 года было возобновлено производство уже в качестве национального традиционного напитка.

В 1990 году мастер Чо Ок Хва восстановил наиболее распространенный метод приготовления *андон сочжу* и представил его публике. Этот напиток, также известный как *Чо Ок Хва андон сочжу*, названный в честь своего создателя, является единственным видом *андон сочжу*, который был признан объектом нематериального культурного наследия Кореи.

Фактически под именем андон *сочжу* скрывается несколько видов алкоголя. Его производят в девяти разных местах, и каждый вид, в зависимости от используемого сырья и технологии, производства обладает своими особенностями и вкусом. В качестве исходного сырья может применяться рис, клейкий рис, пшеница, ячмень, кукуруза, просо, бобовые, различные сочетания зерновых. Крепость варьируется от 45 до 60°.

Запатентовано несколько технологий изготовления андон *сочжу*. Например, по способу, принадлежащему мастеру Чо Ок Хва, клейкий рис замачивается, а затем отваривается до легкой неготовности, смешивается с водой и размолотым 20-дневным пшеничным нуруком и бродит 20 дней. Затем с помощью корейского дистиллятора *сочжукори* перегоняется в 45-градусный напиток.

Другой мастер Пак Чэ Со использует обычный рис и рисовые дрожжи *ипкук*, ферментирует брагу 28 дней, затем выпаривает на водяной бане, а после фильтрации дает вызреть в течение 100 дней. Крепость напитка — 45°, но его часто разбавляют для массового потребителя до 35 и 22°.

Андон сочжу рекомендуют как средство для лечения душевных ран, при коликах в животе, при потере аппетита, несварении желудка.

Мы приводим один из самых распространенных способов приготовления андон *сочжу*.

Ингредиенты:
Нурук из пшеницы — 800 г (можно заменить на 600 г пшеничного солода и 40 г дрожжей кодзи).
Клейкий рис — 4 кг
Вода — 7 л

Если вы хотите получить настоящий *андон сочжу*, лучше попробовать сделать нурук. Но и с солодом и дрожжами получается достойный результат. И все же приводим рецепт нурука для *андон сочжу*. Для этого замочите 800 г очищенной цельной пшеницы в воде на ночь, после этого слейте всю воду, измельчите зерно на крупные сегменты, положите в плотную хлопчатобумажную ткань, плотно завяжите и утрамбуйте ногами. Дайте высохнуть в течение трех дней. Затем снимите ткань, раскрошите на крупные куски, положите в картонную коробку, посыпьте сухими травами: полынь, зверобой, любые полевые высушенные травы, например клевер, сурепка и прочие. Запечатайте коробку скотчем и пищевой пленкой. Накройте одеялом, чтобы температура внутри была 35–37 °С. Через семь дней откройте коробку и почистите куски будущего нурука щеткой от плесени. Оставьте еще на две недели в плотно закрытой коробке. Нурук готов.

Приготовьте рис кодупап. Дайте остыть. Измельчите нурук и перемешайте с рисом, затем залейте ключевой или артезианской водой. Переложите массу в емкость для брожения, оставьте для ферментации на 20 дней. Мешайте с интервалом два-три дня.

Процедите и перегоните полученную брагу. *Сочжу* перелейте в бутылки и дайте выстояться в течение 30–40 дней. После этого можете разбавить напиток до комфортного для вас градуса.

Сочжу классический

Для приготовления затора для *сочжу* используется традиционный метод: варят кашу чук, охлаждают и смешивают с нуруком, а через три — пять дней добавляют второй элемент браги: *тоссуль*. В данном рецепте вода для затора кипятится, и в остывшую кипяченую воду добавляют рисовую муку, перемешивают и опять кипятят, и таким образом готовят кашу чук, а второй элемент браги добавляют на следующий день.

Затор:
Рис обычный — 300 г
Клейкий рис — 300 г
Нурук — 1 кг (можно заменить на 800 г пшеничного солода и 120 г дрожжей кодзи)
Вода — 17,5 л

Рис необходимо хорошо промыть и замочить на три часа, после этого слить всю влагу и размолоть в муку. Воду вскипятить, остудить и смешать с полученной мукой. Массу ставим на огонь, доводим до кипения, выливаем в широкий таз и остужаем. В полученную кашу *чук* добавляем размолотый нурук, хорошенько перемешиваем, кладем в емкость для брожения и оставляем на один день.

Далее нам нужно приготовить брагу. Берем 14 кг клейкого риса и варим кодупап, остужаем его и смешиваем с затором. Оставляем бродить на 8–10 дней, периодически мешая брагу. После этого процеживаем, перегоняем и оставляем в плотно закрытых бутылках на три — шесть месяцев. По прошествии этого времени *сочжу* можно употреблять.

Обратите внимание на то, что этот напиток из клейкого риса изготавливается в два приема, но метод приготовления затора особенный. В то время как обычно затор делают путем охлаждения рисовой каши после ее приготовления, а затем добавляют дополнительные ингредиенты через три — пять дней, особенность этого *сочжу* в том, что вода, используемая для затора, сначала кипятится, охлаждается, а уже потом в нее добавляется рисовая мука, она снова доводится до кипения, получается каша «чук», а затем, после ее охлаждения в течение суток, в нее кладут дополнительные ингредиенты.

Количество риса относительно невелико по сравнению с количеством воды, используемой для приготовления затора, и считается, что это позволяет предотвратить заражение нежелательными бактериями и аномальное брожение, которое может произойти в процессе ферментации. Другими словами, принято считать, что состояние ферментации зернового затора зависит от используемой воды, и это подтверждается тем, что мягкая вода лучше, чем жесткая, а кипяченая вода лучше, чем сырая. Рекомендуем рис, используемый для приготовления *сочжу*, оставлять слегка теплым, и в таком виде соединять с затором, а не охлаждать полностью, так как это будет способствовать быстрейшей ферментации.

Пхимо сочжу

Пхимо сочжу — это дистиллированный спиртной напиток из сваренного осеннего ячменя, смешанного с дрожжами из белого риса, количеством, в десять раз меньшим, чем количество ячменя. Запись о ячменном *сочжу* можно найти в книге «Кимсын чжидэк панмун» 1860 года. Сделать вино из ячменя очень сложно, потому что ячмень не разваривается так же хорошо, как рис, и, наоборот, отстаивается лучше, чем рисовая брага. Кроме того, ячмень твердый и трудно размалывается, поэтому бактериям трудно проникнуть внутрь. Тем не менее вино из ячменя делают потому, что он обладает хорошим ароматом, а еще потому, что в некоторых регионах рис практически не культивируется, а ячмень растет хорошо.

Согласно древнему рецепту осенний ячмень тщательно промывают и заливают ведром воды. Замачивают рис, а затем измельчают его в муку, запаривают и делают рисовые лепешки *сонпхён*, отваривают их до готовности и остужают. Смешивают лепешки с измельченным нуруком, хорошо перемешивают, делают шарики размером с кулак, заворачивают каждый в листья шелковицы, укладывают в горшок и оставляют на три дня. Замоченный ячмень варят на пару до готовности и промывают холодной водой, чтобы остыл. Воду, в которой замачивался ячмень, кипятят, затем остужают, добавляют в нее рисовые шарики с нуруком и отваренный ячмень. Когда брага выбродит, поднявшуюся на поверхность прозрачную часть вычерпывают и перегоняют через *сочжукори*. По желанию делали крепкий и очень крепкий *сочжу* в зависимости от количества получаемого дистиллированного напитка.

По другому рецепту после приготовления кодупап из ячменя, его охлаждают и замачивают в холодной воде. Через три дня воду сливают и сушат на солнце, очищают от оставшихся отрубей и измельчают. На каждые десять частей ячменя добавляют четыре части размолотого нурука и ферментируют обычным способом, а затем перегоняют, получая *сочжу*.

Здесь мы приводим более простой рецепт *пхимо сочжу*.

Ингредиенты:
Ячмень — 5 кг
Нурук измельченный — 700 г (можно заменить на 500 г пшеничного солода и 40 г дрожжей кодзи).
Вода кипяченая — 7 л

Замочите ячмень. Через шесть часов слейте воду, положите зерно в горшок или кастрюлю, залейте водой и меняйте воду каждый день в течение четырех дней. Затем слейте воду и приготовьте ячмень на пару по технологии кодупап. Остудите и размелите в мельнице или блендере, смешайте с нуруком и сделайте круглые лепешки ток.

Вскипятите семь литров воды, остудите ее, залейте лепешки и хорошо перемешайте. Для ускорения процесса используйте погружной блендер. Положите в емкость для брожения. Сначала на поверхность поднимется твердая часть — барда, потом она опустится, а как только образуется много пены, пора перегонять. После дистилляции рекомендуется *сочжу* подержать в бутылках три — шесть месяцев для вызревания напитка.

Глава 17
Приготовление якчу и яксуль

Одними из самых известных видов *якчу* являются *сольипчу* с сосновыми иголками, *ёнипчу* с листьями лотоса, *мэхвачжу* с цветами сливы, *поксакотсуль* с цветами персика, огапхичжу с корнями, побегами и плодами элеутерококка, *кугичжачжу* с ягодами годжи, *мусульчжу* с мясом собаки, *ноктучжу* на пантах оленей.

При приготовлении *якчу* очень важен момент, когда вы закладываете в алкоголь лекарственное сырье. Если ароматные и красочные ингредиенты положить в начале ферментации, из-за двуокиси углерода аромат улетучится, а лекарственные растения потеряют свой цвет. Поэтому их обычно добавляют в конце процесса ферментации, а порой закладывают уже после фильтрациии при дозревании при низких температурах.

Для того чтобы усилить эффект лекарственных ингредиентов, их кладут сразу в брагу или при варке вместе с рисом. Для тех ингредиентов, которые плохо растворяются, используется их настой (корни, ветки), который затем добавляют в брагу, или же брага непосредственно делается на их настое или отваре. Вместе с рисом отваривают такие растения, как женьшень, кодонопсис, сосновые иголки, корень дудника. При добавлении цветов или трав их просто кладут на последнем этапе ферментации или уже в готовый напиток, чтобы они не потеряли свой аромат и цвет. Для того чтобы получить насыщенный цвет, растительное сырье хорошо высушивают и измельчают.

Традиционное вино *яксуль* процеживали через ёнсу — сито из бамбука или леспедезы. Отверстия в таком сите достаточно большие, поэтому напиток получался мутным, но через некоторое время осадок опускался, и в результате получалось прозрачное вино.

При традиционном способе обычно после приготовления затора из крахмалистого сырья и нурука, на средней стадии ферментации в соответствии с необходимостью кладут лекарственные растения и продолжают ферментировать. При современном производстве метод остается таким же, но ферментацию производят при низкой температуре в 10–15 °C, что позволяет сохранять аромат, вкус и полезные свойства растительного сырья, затем фильтруют до прозрачного состояния и стерилизуют, чтобы остановить активность ферментов.

Корейцы разделяют два вида напитков с лечебными добавками *якчу* и *яксуль*. Обычно *якчу* — это ферментированный напиток, а *яксуль* уже дистиллированный. Одна рюмка таких напитков перед едой и одна после еды снимает усталость, прибавляет жизненных сил. Кроме того, проясняется сознание, на душе становится спокойно. Если такие напитки употреблять в меру, они становятся лекарством, если не знать меру, то ядом. Различные виды *яксуль* стимулируют стенки желудка, активизируют выделение желудочного сока, помогают пищеварению, пробуждают аппетит, возбуждают центральную нервную систему, повышают умственные способности, приводят мысли в порядок, снимают стресс. Кроме того, расширяют кровеносные сосуды, стимулируют кровообращение, снимают усталость и способствуют крепкому сну.

Существуют некоторые правила при изготовлении лечебных напитков. Лекарственное сырье не должно быть залежавшимся: аромат и лечебные свойства в нем уже утеряны. Если используются корни растений, то после сбора их необходимо хорошо промыть в воде и почистить. Перед закладкой корни тонко режут, чтобы площадь соприкосновения с алкоголем была как можно больше. Фрукты берут слегка недозрелые, моют и используют целиком или режут на части. Цветы выбирают полураскрытые, потому что сильно распустившиеся цветы опадают. Листья растений для приготовления напитков нужны зеленые, а не желтые опавшие. Их сушат в тени, а уже затем используют.

Для настаивания используется алкоголь с как можно более высоким градусом. Корейцы используют *сочжу* крепостью 20–30°, но мы рекомендуем брать по крайней мере 40-градусные напитки.

Наиболее оптимальный срок настаивание — три месяца. Соотношение алкоголя и свежего лекарственного сырья должно быть 70:30, высушенного — 50:50. Настаивать необходимо в темном прохладном месте, защищенном от солнечных лучей.

Видов яксуль огромное количество, мы приводим лишь небольшое количество рецептов, исходя в первую очередь из доступности сырья в наших условиях.

Тангвичжу — вино с дягилем (дудник лекарственный)

Дягиль, или дудник лекарственный, — растение, произрастающее почти на всей территории Европы и Западной Сибири. Широко применяется как пряно-ароматическое и лекарственное средство. Препараты дудника оказывают возбуждающее действие на слизистую оболочку желудка, обладают спазмолитическим, противовоспалительным, отхаркивающим, мочегонным, потогонным действием. Настойку дудника принимают для повышения аппетита и улучшения пищеварения, усиления моторной и секреторной функции желудка. Она улучшает деятельность сердца, снимает спазмы и процессы брожения, улучшает желчеотделение, успокаивает нервную систему. Проведенные исследования доказали, что содержащиеся в растении кислородосодержащие гетероциклические соединения фурокумарины обладают противоопухолевой активностью.

Дудник приятно пахнет, поэтому вино с ним обладает удивительным ароматом.

Ингредиенты:
Затор 1:
Рис клейкий — 800 г
Вода — 2,5 л
Нурук — 400 г (можно заменить на 300 г пшеничного солода и 40 г дрожжей кодзи)
Корень дягиля — 10 г

Затор 2:
Рис клейкий — 800 г
Вода — 2,5 л

Брага
Рис клейкий — 4 кг
Корень дягиля — 10 г

Налейте в кастрюлю 3 л воды, положите 10 г корня дягиля и варите, пока воды не станет 2,5 л. Из риса приготовьте муку и добавляйте по 1/3 в горячую воду, пока не получите тесто. Корень можете позже удалить. Когда масса остынет, добавьте 400 г нурука и хорошо перемешайте. Поместите в смкость для брожения, через 24 часа проверьте, как идет процесс брожения, а затем через 36–48 часов добавьте второй затор.

Второй затор готовится аналогично второму затору при приготовлении *самъянчжу* и смешивается с первым затором. Полученную массу необходимо ферментировать сутки.

Для браги приготовьте кодупап вместе с корнем дягиля. Для этого промойте рис, замочите на два-три часа, откиньте на сито, дайте стечь всей влаге, перемешайте с десятью граммами корня дягиля и варите кодупап. Аромат корня передастся рису и не будет утрачен. Остудите до 25 °С. Соедините со вторым затором и непрерывно мешайте в течение не менее 30 минут. Отправьте в емкость для брожения и оставьте ферментироваться при температуре 25 °С, и если через сутки процесс идет нормально, оставьте бродить до полной готовности, перемешивая один раз в три дня.

При приготовлении алкогольных напитков с лекарственными растениями важно, чтобы они отдали свои лекарственные свойства, и поэтому необходимо, в зависимости от того, какую цель вы преследуете, закладывать лекарственные ингредиенты на различных этапах приготовления вина.

Если вы готовите напиток с женьшенем, с дягилем, с горцем многоцветковым, с сосновой хвоей, плодами дерезы китайской, купеной и стоголовником, необходимо предварительно сделать отвар из этих растений. Однако при этом нужно быть осторожными, поскольку лекарственные отвары могут препятствовать росту бактерий, поэтому лучше добавлять их вместе с кодупапом в середине процесса брожения.

Второй вариант — это закладка лекарственных компонентов в середине брожения (*иянчжу* и *самъянчжу*) вместе с кодупапом, который смешивается с лекарственными растениями. Также в середине процесса закладывают плоды боярышника или аралии. Чтобы цвет и аромат ягод не потерялся также поступают с ежевикой и малиной.

Самые слабые по аромату и цвету ингредиенты закладывают на последнем этапе брожения. Обычно их помещают в холщовые мешочки и подвешивают в брагу незадолго до процеживания и фильтрации. Количество лекарственных ингредиентов обычно составляет 0,5–1 % от количества риса. Если риса мы берем 4 кг, то лекарственных ингредиентов нужно 20–40 г

Настойка на боярышнике

В китайской и корейской медицине боярышник применялся для улучшения пищеварения, для борьбы с ожирением, улучшения кровообращения, борьбы с воспалением кожи, для купирования различных аллергических реакций. Боярышник прекрасно регулирует работу кишечника. Особенно он помогает при переедании мясных продуктов. Поскольку это растение расширяет кровеносные сосуды, его настойка годится для использования при высоком кровяном давлении, эффективна при ослаблении функций сердца. Настойка также помогает при желудочных расстройствах, при дизентерии, пищевых отравлениях, несварении желудка, колитах, люмбаго, менструальных и послеродовых болях.

Ингредиенты:
Ягоды боярышника — 150 г
Сочжу — 1 л
Сахар — 100 г
Фруктоза (декстроза) — 50 г

Раздавите ягоды и очистите их от семян, положите в емкость для настаивания. Залейте 20-градусный *сочжу*, закройте крышкой и уберите в прохладное место. Чтобы не появлялся осадок, первые пять дней каждый день встряхивайте бутылку. Через 10 дней процедите настойку через ткань, ягоды выбросьте, но сохраните 1/10 их части, добавьте сахар и фруктозу, дайте им полностью растворится, а затем положите отложенные ягоды, плотно закройте крышкой и уберите в прохладное место. Через месяц откройте крышку, прозрачную часть настойки слейте, а оставшуюся процедите и смешайте с первой частью напитка, перелейте в красивую бутылку.

Используйте по 30 мл 2–3 раза в день перед едой.

Кизиловая настойка

В ягодах кизила содержатся белки, легко усваиваемые углеводы, пищевые волокна, которые нормализуют пищеварение, а также фруктовые кислоты, том числе редко встречающаяся янтарная, флавоноиды, эфирные масла и фитонциды. Большое количество витамина С в кизиле помогает укрепить иммунитет, также он участвует и в кроветворении, ведь при его недостатке очень плохо усваивается железо. Есть в ягоде и витамин Р (рутин). А сколько в плодах кизила макро- и микроэлементов, которые так необходимы организму! Железо и кальций, натрий и калий, фосфор и магний, сера. Без них не может нормально функционировать любой орган человека. Для приготовления кизиловой настойки у ягод удаляют зерна и сушат на солнце. Настойка кизила помогает при гипертензии, препятствует старению, снимает усталость, пробуждает аппетит, рекомендуется при ослабленной функции почек, обладает стимулирующим эффектом, используется при простуде и кашле, частых головных болях, согревает поясницу и коленные суставы, регулирует мочеиспускание у пожилых людей.

Ингредиенты:
Кизил — 100 г
Сочжу — 1000 мл.
Сахар — 100 г
Фруктоза — 50 г

Залейте ягоды *сочжу*, закройте крышкой и уберите в прохладное место. Чтобы не было осадка, раз в пять дней слегка встряхивайте бутылку. Через десять дней процедите, добавьте сахар и фруктозу, дайте им полностью раствориться. 1/5 от процеженных ягод верните в бутылку и уберите ее в прохладное место. Через месяц снова процедите.

Употребляйте по 20 мл 2–3 раза в день до или во время еды. Настойка может замедлять мочеиспускание, в этом случае прекратите прием.

Настойка на зизифусе

Вкусные и полезные плоды зизифуса используются в пищу несколько тысячелетий, но некоторые люди до сих пор не представляют, как выглядит и где растет этот фрукт. Необычно то, что у этого плода разные названия, например: унаби обыкновенный, жужуба,ююба китайская, чапыжник, анаб. Во Франции его именуют грудной ягодой, а в России — китайским фиником. Но к финику настоящему этот плод не имеет никакого отношения, название такое он получил за внешнее сходство, а на самом деле относится к роду зизифус, семейству крушиновых.

Китайский финик ценится на протяжении столетий за следующие целебные свойства:

- поддерживает иммунитет;
- улучшает пищеварение и работу печени;
- обладает желчегонным действием;
- способствует профилактике запоров;
- очищает организм от токсинов;
- предотвращает отечность;
- нормализует давление;
- снижает уровень холестерина;
- участвует в детоксикации крови;
- улучшает состояние костной и зубной тканей;
- восстанавливает дефицит витаминов;
- помогает при анемии;
- ускоряет восстановление тканей;

- сохраняет здоровье кожи и волос;
- укрепляет нервную систему;
- способствует улучшению памяти;
- помогает при бессоннице;
- способствует профилактике заболеваний верхних дыхательных путей.

Ингредиенты:
Зизифус — 150 г
Сочжу — 1 л
Сахар — 100 г
Фруктоза — 50 г

Зизифус порежьте произвольно и положите в бутылку. Залейте 20-градусным *сочжу*. Плотно закупорьте, чтобы внутрь не попадал в воздух, и поставьте в темное прохладное место. В течение пяти дней каждый день слегка встряхивайте. Через семь дней процедите через ткань, верните процеженную настойку в бутылку, положите сахар и фруктозу, дайте им полностью растворится, а затем положите 1/10 часть от отфильтрованного зизифуса. Через месяц слейте прозрачную жидкость, а остатки профильтруйте. У вас получилась красноватая жидкость с освежающим вкусом. Употреблять 2–3 раза в день по 30 мл перед едой.

Настойка на корнях торачжи

Торачжи — это ширококолокольчик крупноцветковый или платикодон, у которого с лечебной целью используются корни. Подземная часть растения содержит алкалоиды, флавоноид глюколютеолин. В китайской и корейской медицине корни в виде настоя применяют в качестве отхаркивающего, антиастматического, при хроническом и остром бронхите, бронхиальной астме, абсцессе легкого, при головной боли, тонзиллите, скарлатине, дизентерии, холере и гастрите. Кроме того, употребляют как тонизирующее, ветрогонное, противодизентерийное, сердечно-сосудистое, гипотензивное, противосудорожное, противоглистное, потогонное, общеукрепляющее средство. Купить корни колокольчика можно в магазинах лекарственных растений или магазинах восточных продуктов.

Ингредиенты:
Корни колокольчика сушеные — 600 г
Сочжу — 1,8 л

Корни хорошо помойте, слейте воду и порежьте кусочками по 3 см. Залейте *сочжу* и поставьте в прохладное место с плотно закрытой крышкой. Вкус у настойки янтарного цвета чуть горьковатый. Употреблять можно после трех месяцев настаивания, но, чтобы корни отдали все свои полезные свойства лучше настаивать на менее шести месяцев.

Принимать перед едой по 20–30 мл. Не рекомендуется употреблять со свининой.

Настойка на эвкоммии вязолистной

Эвкоммия (китайское гуттаперчевое дерево) — это листопадное дерево семейства эвкоммиевых. Растение имеет поверхностную корневую систему, прямостоячий ствол с коричнево-серой корой, достигающий 20 м в высоту, и яйцевидную крону, сформированную побегами, на которых располагаются эллиптические листья без прилистников.

Кора эвкоммии вязолистной богата смолистым веществом гуттаперчей и другими смолами, дубильными веществами, гликозидом аукубин, танином, лигнанами, каротиноидами, хлорогеновой, хинной и кофейной кислотами. Благодаря своему составу это растение оказывает гипотензивное, мочегонное и тонизирующее действия на организм человека. Кроме того, эвкоммия способствует улучшению обмена веществ.

В народной медицине эвкоммию вязолистную рекомендуют при:

- кардиосклерозе;
- гипертонии;
- водянке, отеках;
- подагре;
- импотенции;

- повышенном уровне холестерина;
- болезнях селезенки;
- заболеваниях почек и печени;
- переломах;
- ранах;
- а также для очищения организма от токсинов и шлаков и улучшения состояния центральной нервной системы.

Кору эвкоммии можно купить в аптеке, интернет-магазинах, специализирующихся на лекарственных растениях, а также на маркетплейсах.

Ингредиенты:
Кора эвкоммии — 150 г
Сочжу — 1 л
Сахар — 150 г

Мелко порезанную кору эвкоммии положить в бутылку, залить *сочжу* и поставить в прохладное темное место. Раз в день в течение пяти дней встряхивать. Через десять дней процедить, положить сахар, дать ему растворится. Добавить 1/10 часть оставшейся после процеживания коры и поставить в прохладное место, плотно закрыв крышкой. Через месяц процедить и можно употреблять.

Способ употребления: 3 раза в день по 20 мл между приемами пищи.

Настойка на корнях ремании

Корень ремании использовался в традиционной китайской и корейской медицине тысячи лет. Ремания клейкая — цветущее растение, произрастающее в Корее и Китае. Иногда его называют китайской наперстянкой, потому что оно чем-то похоже на цветок наперстянки, хотя на самом деле они ничего общего не имеют.

Согласно традиционному мировоззрению, гармония противоположных, но взаимодополняющих сил — инь и ян — лежит в основе хорошего здоровья. Считается, что ремания помогает при дисбалансе энергии инь. Оно традиционно используется для борьбы с бактериальными инфекциями, в качестве тонизирующего средства и при различных состояниях, связанных с воспалением, таких как астма и артрит. В соответствии с традиционной корейской медициной, применение ремании влияет на состояние сердечной мышцы, пищеварительную и выделительную системы. Также это растение применяют для омоложения, восстановления жизненных сил, обновления тканей, регенерации плазмы и крови. Настойка ремании благотворно воздействуют на кроветворение, улучшает обмен веществ, восстанавливает ткани почек и их функции, оказывает противовоспалительное воздействие, помогает снижать артериальное давление. Корни ремании можно купить в магазинах лекарственных растений и на маркетплейсах.

Ингредиенты:
Корень ремании — 100 г
Сочжу — 1 л
Сахар — 50 г
Фруктоза — 30 г

Корни мелко порежьте, положите в бутылку и залейте 25-градусным *сочжу*, плотно закройте крышкой и поставьте в прохладное место. Каждый день в течение пяти дней встряхивайте во избежание выпадения осадка. Через неделю процедите, корни выкиньте и снова залейте в бутылку. Добавьте сахар и фруктозу, дайте им полностью растворится и отправьте в темное прохладное место. Через две недели настойка станет почти черной. Принимайте по 20 мл 2 раза в день в промежутках между едой.

Настойка на плодах гардении жасминовидной

Корейцы долгое время использовали гардению как краситель для тканей, добавляли в чай. Кроме того, корни и плоды гардении широко использовались в корейской народной медицине. Интересны лекарственные свойства гардении жасминовидной. В разных частях растения обнаружен каратиноидный гликозид кроцин, проявляющий желчегонную активность. Экстракты из плодов гардении понижают артериальное давление. Для лечебных целей используются чаще плоды и корни гардении в виде отваров как противовоспалительное, жаропонижающее, кровоостанавливающее средство, а также при желтухе, заболеваниях кожи, пищевода, мастите, стоматите. Более мелкие плоды эффективны при болезнях легких и лихорадке; наружно — для заживления ран. Более крупные измельченные плоды прикладывают к ранам и ушибам, травмам, ожогам, опухолям. Отвары плодов и корней эффективны при лечении язв губ и полости рта, дизентерии, носовых кровотечений, гепатитах, нефрите, эпидемическом гриппе, мастите. В корейской народной медицине гардению используют при головных болях и заболеваниях дыхательных путей, воспалении желчных путей и желудочно-кишечного тракта; в качестве мочегонного при заболеваниях почек и как симптоматическое средство при бессоннице и переутомлении. Рекомендуется при простуде, головной боли, желтухе, болезни бери-бери, кровотечениях из носа, гематурии, конъюнктивите. Плоды гардении можно купить на различных маркетплейсах.

Ингредиенты:
Плоды гардении — 500 г
Сочжу — 1,8 л

Плоды гардении залить *сочжу*, плотно закрыть крышкой и поставить в прохладное темное место на четыре месяца. Процедить. Процеженную настойку использовать, а оставшиеся плоды залить еще раз и оставить на пять месяцев. Вкус у настойки очень насыщенный, поэтому можно добавить немного фруктозы или любого другого подсластителя.

Полынная настойка

В медицине многих стран мира растение используется в виде отвара, настойки или жидкого экстракта в качестве желудочного средства, улучшающего пищеварение и возбуждающего аппетит. Препараты из полыни применяют при диспепсии, гипоацидных гастритах, при понижении функции ЖКТ, при заболеваниях печени и желчного пузыря, бессоннице, малярии, гриппе, катаре верхних дыхательных путей. Полынь широко используют в корейской традиционной медицине как противоглистное вяжущее средство, при гастритах, язвенной болезни желудка, ревматизме, анемии, желтухе, ожирении, метеоризме, мигрени, гипертонической болезни, туберкулезе, при отеках, геморрое, неприятном запахе изо рта, эпилепсии, как отхаркивающее и антиспазматическое. Из-за токсичности полыни при применении внутрь следует соблюдать осторожность. Чрезмерное применение препаратов из нее может вызвать судороги, конвульсии и галлюцинации.

Полынь порежьте и хорошо промойте, заверните в марлю, положите в емкость для настаивания и залейте *сочжу* в объеме в три раза превышающем количество полыни, плотно закройте крышкой и поставьте в прохладное темное место на три месяца. После этого уберите полынь и процедите.

Принимайте по 20–30 г 2–3 раза в день за 20 минут до еды.

Настойка на акантопанаксе

Название растения акантопанакс рода аралиевых произошло от двух слов: аканта — игла и панакс — имя рода, связанное с присутствием на побегах шипов. Этот вид отличается от всем известного элеутерококка колючего, который чаще встречается в наших дальневосточных лесах и имеет здесь более обширный ареал. Акантопанакс, или свободноягодник, — крупный маловетвистый кустарник высотой два-три метра, со светло-серой корой и мелкими продольными трещинками на ней. Акантопанакс сидячецветковый и акантопанакс колючий (элеутерококк) относятся к семейству аралиевых, отличаются они друг от друга не только по физическим, но и по химическим свойствам. И следовательно, отличаются некоторыми лечебными свойствами. Так, например, известно, что стебель акантопанакса имеет редкие, прочные шипы, в отличие от стебля элеутерококка, сплошь покрытого мелкими шипиками.

Акантопанакс применяется как иммуностимулирующее средство, которое непосредственно активирует В-клетки, секретирующие иммуноглобулины (антитела), независимо от тимуса, не оказывая влияния на Т-лимфоциты, иммунной системы. Он используется в комплексном лечении онкологических заболеваний, как средство, оказывающее цитотоксическое действие на злокачественные клетки рака легкого, желудка, молочной железы, лейкоза, меланомы кожи, аденокарциномы толстой кишки, рака полости рта, в том числе плоскоклеточного рака языка, рака мочевого пузыря, острого миелоидного лейкоза. В стандартных дозах происходит торможение роста опухоли, а в больших дозах — разрушение раковых клеток. Акантопанакс усиливает противоопухолевый эффект цитостатиков, снижая при этом их побочные проявления (например, тошноту, слабость, усталость, головокружение, потерю аппетита), поэтому часто применяется при проведении химиотерапии. Акантопанакс применяется при заболеваниях печени, том числе циррозе, метастазах в печени с повышенными печеночными пробами, токсического поражения печени алкоголем, фиброзе и жировой дистрофии печени, для лечения любых заболеваний поджелудочной железы. Акантопанакс снижает избыточное количество фермента липазы, выделяемого в большом количестве при панкреатите, таким образом сохраняя и укрепляя поджелудочную железу, способствуя меньшему усваиванию жиров в тонком кишечнике. Также акантопанакс используется при диабете, для лечения заболеваний центральной нервной системы и головного мозга, для повышения умственных способностей, снижения синдрома хронической усталости. Он оказывает антистрессовое воздействие, снижает спортивную усталость, депрессию. Акантопанакс используется как противовирусное средство, замедляя репликацию некоторых вирусов, в том числе гриппа А, а также человеческих риновирусов и респираторно-синцитиальных вирусов. Рекомендуют акантопанакс также для повышения подвижности сперматозоидов, при снижении мужской потенции, как природный адаптоген для адаптации организма к физическим и психическим нагрузкам, перед сдачей экзаменов, проведением хирургических операций, поездкой в страны с жарким климатом, в период после лечения и при снижении работоспособности. Купить корни акантопанакса можно в магазинах лекарственных растений.

Игредиенты:
Корень акантопанакса — 150 г
Сочжу — 1 л
Сахар — 150 г
Фруктоза — 50 г

Настаивайте на 25-градусном *сочжу* десять дней, затем процедите, добавьте сахар и фруктозу. 10 % от процеженных корней снова добавьте в настойку. Через месяц еще раз процедите.

Принимайте раз в день по 20 мл перед едой или между приемами пищи.

Настойка на лимоннике

Плоды лимонника содержат почти 20 % органических кислот, основное количество составляют яблочная, лимонная и винная, немного сахара и около 500 мг витамина С на 100 г ягод. Также в состав входят пектины, танины, сапонины, флавоноиды, антрахиноны. Лимонник богат эфирными маслами, ведь в его стебле их более 2 %, а в коре стеблей выше 3 %. До 33 % масла содержится в семенах. Оно состоит из глицеридов жирных непредельных кислот — олеиновой и линолевой. Благодаря своему составу лимонник имеет иммуностимулирующее, адаптогенное и тонизирующие свойства. Листья лимонника содержат большое количество микро- и макроэлементов: кальций, магний, калий, железо, медь, марганец, кобальт, йод, цинк и алюминий. Они также присутствуют и в плодах, но только в значительно бо́льших количествах. Самыми важными и полезными компонентами в лимоннике являются схизандрол и схизандрин — биологически активные вещества, входящие в эфирное масло. Они стимулируют и улучшают работу печени, сердечно-сосудистую и нервную системы. Местные охотники на Дальнем Востоке брали с собой на охоту сушеные ягоды лимонника, которые помогали им быть выносливее.

В настоящее время лимонник нашел широкое применение в качестве адаптогенного и стимулирующего средства при умственном и физическом переутомлении. Также он очень эффективен при депрессивных и астенических синдромах. Настойку ягод лимонника применяют также в качестве профилактики ОРЗ и гриппа. В Корее используют семена и плоды лимонника при ослабленной сердечной мышце, неврозе сердца, нефрите, гипертонии.

Ингредиенты:
Ягоды лимонника — 100 г
Сочжу — 1000 мл
Сахар — 150 г
Фруктоза — 50 г

Залейте ягоды 20-градусным *сочжу*, плотно закройте крышкой и взбалтывайте каждый день в течение пяти дней. Через десять дней процедите, добавьте сахар и фруктозу, верните в бутылку и добавьте 10 % от процеженных ягод. Через месяц процедите через ткань. Настойка готова.

Принимайте 3 раза в день по 20 мл.

Будьте осторожны при высоком артериальном давлении.

Глава 18
Приготовление натурального уксуса

Бонусом в производстве алкоголя является уксус. Винный уксус используется в западных винных культурах, а рисовый уксус — в странах, где рис является основной культурой питания. Рисовый уксус прост в приготовлении и содержит семь из восьми незаменимых аминокислот, кроме триптофана. Те же незаменимые аминокислоты, которые содержатся в рисовом вине, содержатся и в рисовом уксусе. Рисовый уксус — щелочной продукт, богатый различными аминокислотами и органическими кислотами, что делает его здоровой пищей, которая может помочь нейтрализовать кислотность в организме и укрепить иммунитет.

Уксус из хурмы

Пять килограмм спелой хурмы положите в горшок, оторвав плодоножки. Через 7–10 дней на поверхности плодов появится белая пленка. Залейте двумя литрами рисового вина *чхончжу* и поставьте в теплое место. Через месяц брожения можно процедить и использовать.

Уксус из персиков

В горшок положите пять килограмм персиков с косточками. Когда плоды станут мягкими, вытащите косточки, верните мякоть в горшок и залейте двумя литрами рисового вина *чхончжу*, поставьте в теплое место и через месяц ферментации можете использовать. Уксус из сливы готовится таким же образом.

Малиновый уксус

Пять килограмм малины залейте двумя литрами рисового вина *чхончжу*, поставьте в теплое место и оставьте на месяц для ферментации. Процедите и можете использовать.

Уксус из коричневого риса

Рис — 4 л (3,2 кг).
Нурук — 400 г (можно заменить 300 г пшеничного солода и 40 г дрожжей кодзи)
Вода — 6 л

Рис хорошо промойте, замочите на восемь часов, слейте воду и сварите кодупап. Когда рис остынет, добавьте молотый нурук и воду и хорошо перемешайте. Ферментируйте при температуре 30 °C. Через десять дней на поверхности появится прозрачная жидкость. Мешайте раз в два дня, что ускорит осахаривание крахмала и обеспечит равномерную ферментацию. Процедите отцеженную жидкость поместите в продезинфицированный горшок, таким образом вы заложите основу для уксуса. Для того, чтобы уксусная кислота легко проникала внутрь, горлышко закройте хлопковой тканью и закрепите ее резинкой.

Поставьте в хорошо проветриваемом помещении вдали от солнечных лучей и оставьте бродить при окружающей температуре 30–35 °C. Каждый день взбалтывайте емкость, в которой находится уксус. Уксусная кислота образуется на поверхности тонкой пленкой, и для того, чтобы ферментация шла активнее, надо жидкость перемешивать. Для получения хорошего уксуса, необходим один год. А чтобы получился настоящий черный уксус, необходимо три года. В отличие от покупных, домашний уксус не такой резкий и обладает приятным вкусом. Обычно уксус делают из вина, которое не получилось по тем или иным причинам. Это могут быть благоприятная среда для роста бактерий уксусной кислоты, а именно низкий процент спирта и высокая температура, много воды, мало дрожжей, а рис сильно разварен.

Глава 19
Коктейли на основе корейских традиционных напитков

КОКТЕЙЛИ С *МАККОЛЛИ*

Популярность миксологии не обошла стороной *макколли*. Традиционно у него белый цвет или цвет слоновой кости. В напиток добавляют различные сиропы, например малины, киви, банана или винограда, таким образом, цвета и вкусы коктейлей получаются совершенно разные. Как правило, в составе коктейлей 2/3 *макколли* и 1/3 добавок. Кроме того, *макколли* разбавляют спрайтом, лимонадом, тоником.

Коктейль с малиной

Сироп малиновый — 50 мл
Макколли — 130 мл
Газированная вода — 10 мл

Смешать и шесть-семь раз взболтать

Банановый *макколли*

Банановый сироп — 50 мл
Лимонный сок — 10 мл
Макколли —120 мл
Газированная вода — 10 мл
Банан — 7–8 кусочков
Лед

Смешайте все ингредиенты и взболтайте шесть-семь раз.

Арбузный *макколли* с киви

Сироп арбузный — 50 мл
Арбуз — 5–6 небольших кусочков
Киви — 1/2, порезанное на кусочки
Макколли — 120 мл
Лимонад — 50 мл
Лед

Смешайте все ингредиенты, положите в готовый коктейль арбуз и киви.

Виноградный *макколли*

Сироп виноградный — 50 мл
Макколли — 130 мл
Газированная вода — 10 мл
Лед

Смешайте все ингредиенты и перелейте в бокал.

Млечный путь

Смешайте:

Макколли — 50 мл
Темное пиво — 100 мл
Лед

Йогуртовый *макколли*

Смешайте:

Макколли — 100 мл
Питьевой йогурт с любым вкусом — 120 мл

Добавьте лед.

Мятный *макколли*

Макколли — 150 мл
Сок лайма — 15 мл
Листья мяты — 8–10 шт.
Сироп сахарный — 10 мл
Вода газированная или лимонад — 50 мл
Лед

Подавите листья мяты пестиком или ложкой, положите в бокал, добавьте *макколли*, сок лайма, сироп, газированную воду или лимонад и лед. Перемешайте и можете наслаждаться.

Латте *макколли*

Макколли — 100 мл
Эспрессо — 30 мл
Молоко — 100 мл
Сахар по вкусу
Лед

Приготовьте эспрессо, остудите его. Добавьте молоко, *макколли*, лед и сахар по вкусу.

Винный *макколли*

Для этого коктейля берите сладкое или полусладкое красное вино, с ним напиток получается просто роскошным.

Вино — 80 мл
Макколли — 100 мл
Лед

Смешайте все три ингредиента и наслаждайтесь.

***Макколли* сорбет**

Замороженный *макколли* становится деликатесом. По текстуре он напоминает замороженный йогурт и превращается в сорбет, который можно нарезать на квадратики. Он сладкий и вкусный, с едва заметным намеком на алкоголь. Хорошо сочетается с медом или различными топпингами.

Макса

Смесь *макколли* с лимонадом «сайда» очень популярен летом, и был одним из любимых напитков бывшего президента Пак Чон Хи. Смешайте *макколли* и лимонад (желательно лимонный) в пропорции 1:1 и добавьте лед.

Макски

Так называют коктейль, состоящий из *макколли* и виски («мак» от *макколли*, «ски» от виски). Соотношение *макколли* к виски составляет 4:1.

Смешайте *макколли* и виски, перелейте в бокал и добавьте льда. Очень необычный вкус, хорошо сочетается с корейской едой.

РЕЦЕПТЫ КОКТЕЙЛЕЙ С *СОЧЖУ*

Безусловно, сомэк (*сочжу* + пиво «мэкчу») — коктейль, состоящий из *сочжу* и пива, самый популярный из смешанных корейских напитков. Расскажем, как правильно приготовить сомэк.

Целью смешивания этих двух ингредиентов было повысить градус, поскольку слабенький *сочжу* уже не дает желаемого эффекта, и улучшить его вкус. В зависимости от пропорций и способа приготовления вы можете получить различными оттенки вкуса.

Вот некоторые из наиболее популярных соотношений сомэка.

1:3 (1 часть *сочжу*, 3 части пива) — это самая популярная пропорция, дающая мягкий и недоминирующий вкус *сочжу*.

1:2 (1 часть *сочжу*, 2 части пива) — это лучшее сочетание для тех, кто любит более крепкие коктейли.

1:4 (1 часть *сочжу*, 4 части пива) — соотношение, подчеркивающее освежающий вкус пива, идеально подходит тем, кто предпочитает легкие напитки. Поскольку пиво в Корее обычно слабое, 3,8–4,0 %, добавление *сочжу* делает его более насыщенным.

Существует несколько техник, которые можно использовать для приготовления сомэка.

Основной: сначала налейте пиво, затем медленно влейте *сочжу*, давая ему смешаться естественным образом.

Сочжу на палочках: палочки кладут бокал так, чтобы они торчали в разные стороны, наливают *сочжу*, потом пиво, а затем резко сводят палочки вместе, в результате чего два напитка естественным образом смешиваются, образуя пышную пену.

Бомбический сомэк — пхоктачжу: столовой ложкой мешаете смесь *сочжу* и пива, в результате чего получается пенный коктейль.

Кроме ставшего уже традиционным «пхоктанчжу» существует ряд популярных коктейлей на основе *сочжу*, рецепты которых мы приводим здесь. За основу взят *сочжу*-ректификат крепостью 16°, поэтому при использовании домашнего *сочжу*-дистиллята большей крепости корректируйте его количество.

Коктейль дынный на четыре порции

Ингредиенты:
Сочжу (360 мл) — 1 бутылка
Спрайт — 1 банка
Дынное мороженое — 2 шт.
Немного льда
Листья свежей мяты и долька апельсина в качестве украшения

Смешайте все вместе до однородной консистенции.

Перелейте коктейль в охлажденный бокал.

Поместите дольки апельсина и листья свежей мяты на ободок и подавайте.

Йогуртовый *сочжу*

Ингредиенты на 1 порцию:
Сочжу — 80 г
Азиатский йогуртовый напиток простой или ароматизированный — 80 мл
Лимонад типа Sprite или 7UP — 80 мл
Немного льда

Йогуртовые напитки появились у нас в продаже. Есть со вкусом натурального йогурта, есть с добавками типа кокоса и алоэ. Подойдет любой.

Насыпьте лед, *сочжу* и йогуртовый напиток в шейкер для коктейлей из нержавеющей стали.

Встряхивайте, пока ингредиенты не будут полностью охлаждены.

Добавьте лимонад и перемешайте.

Налейте в бокал и наслаждайтесь!

Сочжу космо

Ингредиенты на 1 порцию:
Сочжу — 50 мл
Triple Sec (или Cointreau) — 25 г
Сок клюквенный — 50 г (или клюквенный морс)
Свежий сок лайма — 2 ч. л.
Твист из апельсиновой цедры, сахарный ободок и листья свежей мяты в качестве украшения

Охладите бокал для мартини в морозильной камере.

Достаньте его, протрите край бокала долькой лайма и обмакните ее в сахар, рассыпанный на тарелке.

Наполните коктейльный шейкер льдом наполовину.

Добавьте *сочжу*, Triple Sec, клюквенный и лаймовый соки.

Накройте крышкой и энергично встряхните, чтобы объединить и охладить.

Процедите в охлажденный бокал для мартини.

Скрутите апельсиновую цедру над напитком и украсьте ободок свежими листьями мяты и подавайте.

Сочжу санрайз

Ингредиенты на 1 порцию:
Сочжу — 80 мл
Апельсиновый сок — 3/4 стакана
Сироп гренадин — 10 мл
Апельсиновая долька для украшения
Коктейльная вишня для украшения

В бокал хайбол, наполненный льдом, влейте *сочжу* и апельсиновый сок.

Медленно влейте гренадин в бокал через ложку или по капле по краю бокала, давая ему осесть на дно.

Украсьте долькой апельсина и вишенкой.

***Сочжу* лимонад**

Отличный коктейль для жаркого дня.

Ингредиенты на 1 порцию:
Сочжу — 50 мл
Лимонад — 100 мл
Лед
Долька лимона для украшения

Наполните стакан льдом.
Добавьте *сочжу* и лимонад и перемешайте.
Украсьте долькой лимона и наслаждайтесь!

***Сочжу* мартини**

Ингредиенты на 1 порцию:
Сочжу — 50 мл
Сухой вермут — 30 мл
Лед
Лимонный твист для украшения

Наполните шейкер льдом, добавьте *сочжу* и сухой вермут и хорошо взболтайте.

Перелейте смесь в охлажденный бокал для мартини и украсьте лимонным твистом.

***Сочжу* сангрия**

Ингредиенты для большого кувшина *сочжу* сангрии:
Сочжу — 2 стакана (стакан = 200 мл)
Красное вино — 1 бутылка
Апельсинового сока — 1 стакан
Ананасовый сок — 1 стакан
Смешанные фрукты (например, яблоки, апельсины и ягоды) — 1 чашка (200 г)
Лед
Листья мяты

Смешайте соджу, красное вино, апельсиновый сок, ананасовый сок и фрукты в большом кувшине.

Хорошо перемешайте и поставьте в холодильник минимум на час.

Подавайте сангрию со льдом и украсьте листьями мяты.

Пикантный арбузный *сочжу*

Ингредиенты на 8 порций:
Сахарный сироп — 1/4 стакана
Чили, очищенный от семян и измельченный — 1/2 шт. (около 1 ст. л.)
Нарезанный кубиками арбуз без косточек — 4 стакана (~400 г)
Сочжу — 150 мл
Вода со вкусом арбуза или простая сельтерская — 250 мл
Украшение: соль для ободка, кусочки чили и арбузные дольки

Приготовьте ¼ стакана простого сиропа; снимите с огня. Добавьте чили, очищенный от семян и измельченный. Накройте и настаивайте в течение 30 минут. Процедите смесь через мелкоячеистое сито в миску, твердые частицы выбросьте. Охладите до комнатной температуры в течение часа.

Пока сироп остывает, измельчите арбуз без косточек в блендере до однородности в течение двух-трех минут. Процедите арбузное пюре через мелкоячеистое сито в миску, твердые частицы отбросьте. Перелейте арбузный сок в двух- или трехлитровый кувшин. Добавьте *сочжу*, арбузную или обычную сельтерскую воду и охлажденный сироп. Посыпьте солью ободки восьми бокалов и наполните их льдом. Равномерно разлейте коктейль по бокалам, украшайте ломтиками чили и арбузными дольками.

Сочжу «Роял Гаваи»

На 1 порцию:
Сочжу — 50 мл
Несладкий ананасовый сок — 30 мл
Свежевыжатый лимонный сок — 15 мл
Сироп миндальный оршад — 15 мл
Ломтик ананаса и листья мяты на украшение

Перемешайте все ингредиенты, кроме *сочжу* и льда.
Налейте в бокал с колотым льдом, сверху налейте *сочжу*.
Украсьте ломтиком ананаса.

Цитрусовый *сочжу*

На 1 порцию:
Сочжу — 100 мл
Грейпфрутовый сок — 50 мл
Свежевыжатый лимонный сок — 30 мл
Сироп личи — 30 мл
Газированная вода — 30 мл
Долька грейпфрута и листья мяты для украшения

Наполните бокал колотым льдом и долькой грейпфрута.

Взболтайте сок грейпфрута, лимонный сок и сироп личи со льдом и процедите в бокал.

Сверху налейте *сочжу* и добавьте газированную воду.

Послесловие

Сколько еще непознанного существует в мире. Каждый день мы открываем что-то новое, неизвестное.

Представленная на ваш суд книга по мере возможностей дает представление о таком многогранном явлении, как корейский традиционный алкоголь. До сих пор ни в России, ни в других странах, кроме Кореи, не выходило в обобщенном виде ничего подобного. В связи с возросшим интересом к корейской культуре, в том числе гастрономической, информация о традиционном корейском алкоголе, который является ее важной частью, должна восполнить тот вакуум, который существует до сих пор. Не только люди, далекие от корейских реалий, но и специалисты, зачастую не обладают знаниями в этой области, и мы надеемся, что это издание сможет помочь им.

Мы стремились не только рассказать об истоках и истории корейских традиционных алкогольных напитках, но и постарались их классифицировать, привели рецепты одних из самых популярных видов алкоголя, поведали о многих тонкостях при их изготовлении, о чем часто умалчивают корейские мастера. Надеемся, читателям будет интересно узнать о корейском алкогольном этикете, любимых напитках лидеров Кореи, о традиционных и современных коктейлях на основе корейского алкоголя.

Корейские спиртные напитки исторически производились по совсем другим канонам, чем напитки у нас и в западных странах. Другие ингредиенты, другие технологии, другой подход. Мы постарались донести до читателя эти тонкости, собрав по крупицам традиционные рецепты приготовления *макколли*, *чхончжу*, *сочжу*, *квасильчжу* и лечебных настоек *яксуль*. Помимо современных источников, мы черпали рецепты из древних корейских книг.

Каждый из них был воспроизведен и скорректирован, когда по тем или иным причинам алкогольный напиток получался не того качества.

Надеемся, что книга придется по вкусу тем, кто готовит домашние спиртные напитки, поскольку есть возможность попробовать что-то новенькое — и ферментированные *макколли*, *чхончжу*, а также дистилированный *сочжу*. К корейской еде идеально подходит корейский алкоголь. В книге мы подробно остановились на фудпейринге, осветив, какие блюда подходят к тому или иному напитку.

Одними из самых изумительных моментов в жизни являются те, когда ты знакомишься с чем-то новым, например пробуешь новый изысканный продукт или напиток. Воспоминание об этом часто остается на всю жизнь. Хочется надеяться, что знакомство с корейским алкоголем не разочарует вас, и принесет вам только приятные ощущения.

Готовьте и пейте на здоровье, помня корейскую пословицу «в небольших количествах алкогольные напитки польза, в больших количествах яд».

Перечень упомянутых в книге названий корейских алкогольных напитков

А
андон сочжу 안동소주
араки 亞刺吉
аракчу 아락주

В
вантэпхо 왕대포
витопхи 위덮이
вонсочжу 원소주

Ё
ёнёпчу 연엽주
ёнипчу 연잎주
ёнхэчжу 연해주
ёре 요례 (醪醴)

И
иганго 이강고
иганчжу 이강주
идо 이도25
иллёнчжу 일년주
ильдучжу 일두주
ильпхум чилло 일품진로
ильильчжу 일일주
инсам мэкчу 인삼맥주
инсамчжу 인삼주
ирильсуль 일일술
ирильчжу 일일주
ихвагок 이화곡
ихвачжу 이화주

К
камхонно 감홍로
канге инпхунсуль 강계 인풍술
кахянчжу 가향주
качжу 가주
каянчжу 가양주
каяессен тхакчу 가야옛생탁주
квахачжу 과하주
квипальги суль 귀밝이술
кемёнчжу 계명주
кемончжу 계몽주
кёнчжу кёдонпопчу 경주교동법주
когачжу 곡아주
кокчу 곡주
кэсон корё инсамсуль да 개성고려인삼술

косамчжу 고삼주
косорисуль 고소리술
кугичжачжу 구기자주
кукхвачжу 국화주
кукчу 국주
кымчжонсансон макколли 금정 산선 막걸리
кэсочжу 개소주

М
мальбольчжу 말벌주
мёнин андон сочжу 35° 명인 안동소주 35°
маннёнхян 만년향
мёнчхон тугёнчжу 면천 두견주
минсокчу 민속주
мион 미온(美醞)
митсуль 밑술
моннён пходосуль 목련 포도술
момичжу 모미주
мочжу 모주(母酒)
мунбэчжу 문배주
мусульчжу 무술주
мэхвачжу 매화주

Н
ногёнчжу 녹용주
нокпхачжу 녹파주
ноктучжу 녹두주
нончжу 농주
нупчжу 눕주
нырин мыль сочжу 느린 마을 소주
нырин мыль макколли 느린 마을 막걸리
нырин мыль чыннючжу 느린마을증류주

О
огапхичжу 오가피주
обёнчжу 오병주
омегичжу 오메기주
онночжу 옥로주
ончжу 온주
ончжупоп 온주법
охочжу 오호주
оянчжу 오양주

П
панчжу 반주
пёкхянчжу 벽향주
пёнъён сочжу 병영소주
пёраксуль 벼락술
пинтханбок 빙탄복
погёнгачжу 보경가주
покпунчачжу 복분자주
поксакотсуль 복사꽃술
помпёчжу 범뼈주
поннёнчжу 복령주
понхак мэкчу 봉학맥주
пунгок 분곡
пуллочжу 불로주
пуычжу 부의주
пхеньянский пёкхянчжу 벽향주
пхеньян мэкчу 평양맥주
пхеньян сочжу 평양소주
пхимо сочжу 피모소주
пходочжу 포도주
пхохак мэкчу 포학맥주
пэкильчжу 백일주
пэккок 백곡
пэксечжу 백세주
пэксольги 백설기
пэксоль макколли 백설막걸리
пэктусан тыльчуксуль 백두산 들쭉술
пэкчачжу 백자주

пэкчу 백주
пэкхвачжу 백화주
пэкчхульчжу 백출주
пэмсуль 뱀술

Р
раквон мэкчу 락원 맥주
рёнсон мэкчу 룡성 мэкчу
рёнбук кокчу 룡북곡주

С
самильчжу 삼일주
самильсуль 삼일술
самиль макколли 삼일막걸리
самгак мэкчу 삼각
самочжу 삼오주
самхэпхо сочжу 삼해포 소주
самхэ квичжу 삼해귀주
самъянчжу 삼양주
самхэчжу 삼해주
сансачхун 산사춘
сансонсочжу 산성소주
сантальги вайн 산딸기와인
сачжольчжу 사절주
сибильсуль 십일술
сибильчжу 십일주
сигыпчжу 시급주
симсуль 심술7
синдочжу 신동주
синсончжу 신선주
сoгокчу 소곡주
содам макколли 소담 막걸리
сольсон тондончжу 설성동동주
соксончжу 속성주
соктханчжу 석탄주
сольипчу 솔잎주
сонак сочжу 성악 소주
сонёпчу 송엽주
сонмёнсоп макколли 송명섭막걸리
сонночжу 송로주
сонхвачжу 송화주
сончжольчжу 송절주
сонсунчжу 송순주
сонтханхян 성탄향
сори сочжу 설이소주
соуль сончжольчжу 서울 송절주
соуре пам 서울의 밤
сугок 수곡
сунхянчжу 순향주
сэанчжу 새앙주

Т

тангвичжу 당귀주
танъянчжу 단양주
танхобакчу 단호박주
тонбанчжу 동방주
тондончжу 동동주
тончжончхун 동정춘
тосочжу 도소주
тоссуль 덧술
тохвачжу 도화주
туганчжу 두강주
тугёнчжу 두견주
тхакчу 탁주
тхакпэги 탁배기
тхакпхари 탁파리
тэбимочжу 대비모주
тэган макколли 대강 막걸리
тэдонган мэкчу 대동강 맥주
тэдэро хончху 대대로 홍추
тэпхо 대포
тэчжанбу 대장부

Х
хаёпчу 하엽주
ханму тотхорисуль 학무 도토리술

хапчжу 합주
хасичжу 하시주
хаиль чхончжу 하일청주
хаянчжу 하양주
хвангымчжу 황금주
хванкуронисуль 황구렁이술
хвачжу 화주
хичжу 히주
ходучжу 호두주
хонгукчу 홍국주
хосанчхун 호산춘
хэнхвачхунчжу 행화춘주
хянончжу 향온주
хянянчжу 향양주

Ч
чаннвесамсуль ш장뇌삼술
чвисуль 쥐술
чиндо хончжу 진도홍주
чинесуль 지네술л
чинмэк сочжу 진맥소주
чинсанчжу 진상주
чинянчжу 진양주
чипсонхян 집성향
чихванчжу 지황주
чичжу 지주(旨酒)

чогок 조곡
чольчжу 절주
чонтхон хончжу 전통홍주
чугёпчжу 죽엽주
чуннёкко 죽력고
чхирильсуль 칠일술
чхирильчжу 칠일주
чхонгамчжу 청감주
чхонмёнчжу 청명주
чхонпходо вайн чольчжон 청포도와인 절정
чхонъян кугичжачжу 청양구기자주
чхочжончжу 초정주
чэчжу 재주

Ю
юкпёнчжу 육병주
юхвачжу 유화주
юкянчжу 육양주

Я
якпэк чачжу 약백자주
яксуль 약술
якчу 약주(藥酒)
ягянчжу 약양주(藥釀酒)

Перечень встречающихся в тексте растений с указанием названий на латинском и корейском языках

Азалия 진달래 Rhododendron mucronulatum

Акантопанакс (элеутерококк) сидячецветковый (лат. Eleutherococcus sessiliflorus) 오갈피나무

Аралия Aralia elata 드릅나무

Боярышник Crataegus pinnatifida 산사나무

Дудник корейский Angelica sinensis, Angelica acutiloba. 당귀

Гардения жасминовидная Gardenia jasminoides J.Ellis 치자나무

Гиностемма пятнолистая Gynostemma pentaphyllum 돌외

Годжи ягоды (дереза китайская) Lýcium bárbarum) 구기자

Голубика корейская 들쭉 Vaccinium uliginosum

Горец многоцветковый 하수오 Polygonum multiflorum,

Женьшень 인삼 Panax ginseng C. A. Meyer

Зизифус (унаби, жужуба, ююба китайская, чапыжник, анаб) 대추 Zizyphus jujuba var. inermis

Кизил 산사나무 *Córnus mas*

Кодонопсис 더덕 *Codonopsis*

Котовник 개박하 Nepeta cataria

Купена 둥굴레 Polygonatum officinate Allioni

Леспедеза 싸리 *Lespedeza bicolor*Лимонник 오미자 *Schisandra chinensis*

Могар 좁쌀 Setaria italica

Пахима 복령Poria

Полынь 쑥Artemisia princeps Pamp.

Ремания 지황 *Rehmannia*

Сафлор красильный (американский шафран) 아시꽃*Cárthamus tinctórius*

Сорго 수수 Sorghum bicolor MOENCH

Стоголовник 말뱅이나물 *Vaccaria vulgaris*

Тимьян манчжурский чичхо 지초*Thymus mandschuricus*

Цитрон 유자 Citrus junos TANAKA

Чумиза 조 Setaria italica (L.) P.Beauv.

Ширококолокольчик крупноцветковый 도라지 Platycodon grandiflorus

Эвкоммия вязолистная 도충 *Eucómmia ulmoides Oliver*

Элеутерококк 오갈피 (오가피) *Eleutherococcus*

Оглавление

Научное издание

Андрей Наумчик

КОРЕЙСКИЕ АЛКОГОЛЬНЫЕ НАПИТКИ

От макколли до сочжу

Директор издательства *И. В. Немировский*
Ответственный редактор *И. Белецкий*
Куратор серии *В. Кучерявенко*
Заведующая редакцией *И. Емельянова*

Дизайн *И. Граве*
Редактор *П. Матвеева*
Корректоры *А. Хижун, И. Манлыбаева*
Верстка *Е. Падалки*

Подписано в печать 03.03.2026.
Формат издания 60 × 90 $^{1}/_{16}$. Усл. печ. л. 12,6 + 0,4 вкл.
Тираж 200 экз.

Academic Studies Press
1577 Beacon Street, Brookline, MA 02446 USA
https://www.academicstudiespress.com

ООО «Библиороссика».
198207, г. Санкт-Петербург, а/я № 8

SAPIENTI SAT — дистрибуция и продажа книг
8 800 333-68-45
www.directmedia.ru/publisher/sapienti-sat/
manager@directmedia.ru

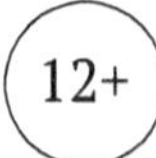

www.ingramcontent.com/pod-product-compliance
Lightning Source LLC
LaVergne TN
LVHW020509100826
845148LV00003B/735

* 9 7 9 8 9 0 1 2 7 1 4 2 1 *